무심천을 거닐며 …….

청주에서 김나비 올림

나비질

시산맥 시혼시인선 029

제3회 시산맥 창작지원금 공모당선시집

나비질

시산맥 시혼 029

초판 1쇄 발행 | 2023년 03월 27일

지은이　김나비
펴낸이　문정영
펴낸곳　시산맥사
편집주간　김필영
편집위원　신정민 최연수
등록번호　제300-2013-12호
등록일자　2009년 4월 15일
주소　03131 서울특별시 종로구 율곡로 6길 36. 월드오피스텔 1102호
전화　02-764-8722, 010-8894-8722
전자우편　poemmtss@naver.com
시산맥카페　http://cafe.daum.net/poemmtss

ISBN 979-11-6243-358-4　03810

값 10,000원

* 이 책은 전부 또는 일부 내용을 재사용하려면 반드시 저작권자와 시산맥사의 동의를 받아야 합니다.
* 이 책은 교보문고와 연계하여 전자북으로 발간되었습니다.
* 본문 페이지에서 한 연이 첫 번째 행에서 시작될 때에는 〈 표기를 합니다.
* 저자의 의도에 따라 작품의 보조 동사와 합성 명사는 띄어쓰기가 달라질 수 있습니다.

나비질

김나비 시집

| 시인의 말 |

누가 내게 시인이라는 역할을 부여했을까
시인은 세상에서 제일 가난하고 힘든 배역인데,
설마 내가 자처해서 손을 든 건 아니겠지
아무도 지원하는 사람이 없어서
후미진 곳에 서 있던 내게 떠맡겨진 것이 분명하다
힘에 부치지만
이번 생의 배역을 소화해 내고 싶다

2023년 봄
김나비

■ 차 례

1부 나비질

물방울 키우는 여자	18
감자의 날들	20
파르	22
오버랩	24
취화	26
2080-801-1212	28
나비질	30
현대산 통조림 love-777	32
시간의 얼굴	34
발성 연습	38
습濕	40
골고타 언덕 가는 길	42
아껴 접는 밤	44

2부 4시 근처

오라	48
링	50
잠녀	52
카라신	54
사냥의 계절	56
체념증후군	58
토르소	60
4시 근처	62
카빠코챠	64
플라나리아	66
쿠키 먹는 시간	68
끝물	70
불사조 죽이기	72

3부 꿈에 베이다

무릎 꿇은 나무 78
다대포의 시간 80
날파리 82
게발선인장 84
베르툼누스 86
꿈에 베이다 89
모래시계 92
히치하이킹 94
민들레 담요 96
가을 화법 98
다음 생의 너를 기억하다 100
메밀꽃이 피었습니다 102
고구마밭에서 보는 무성영화 104

4부 압생트 한 컷

압생트 한 컷	110
바닥 칸타타	112
박제된 봄	114
입동	116
낙지	118
死월	120
골목의 젠가	122
정방사	124
쿠싱	126
지갑 마을	128
구두의 화법	130
시다	132
옛집	134

■ 해설 | 황치복(문학평론가)　　　　137

1부

나비질

물방울 키우는 여자

손가락 사이, 물방울 모양 물집이 올라왔다
투명한 돔을 만지자
부푼 막 속으로 팔이 들어가고
어깨가 들어가고 몸이 쑥 딸려 들어간다
안온한 태막이 나를 감싼다

고요가 출렁이는 양수 속
반투명한 옆구리에 설핏 비치는 늑골,
붉은 얼굴에 까마중 같은 눈을 달고
거꾸로 매달려 둥글게 손가락을 빨면
탯줄 타고 스며오는 당신 목소리
봄볕 되어 두런두런 등을 쓸어 준다

언제부터인가 손가락 사이엔 당신의 뿌리가 자라고 있다
몸에 혈류처럼 흐르는 당신을 닮은 피부
짜내면 짜낼수록 멍울로 번져가는 야윈 뒷모습
잘라낼 수 없는 인연의 포자가 곳곳에 발아한다
〈

혼자 견뎌야 하는 밤을 남겨두고
내 생의 바깥으로 등불을 들고 떠난 당신
별들이 외로운 운항을 하는 날이면
내게로 와 밤새 푸르게 뒤척이는,

패각 같은 손톱으로 물방울을 누르고 또 누른다

툭 터지는 물집 사이로 울컥 쏟아지는 나
검은 창에 비치는 얼굴에 손가락을 뻗어 더듬는다
내 얼굴 위로 겹치는 박꽃 같은 얼굴

그리움으로 피는 야윈 밤
물방울 자라는 소리가 푸르게 손가락을 건넌다

감자의 날들

오늘 나는 쪼글 거리는 감자
검은 방 안에서 습관처럼 눈을 뜨고 눈을 감죠
밀어 올린 가느런 싹이 어둠 속 자모字母를 더듬어요
망각한 자에게 복이 있나니 자신의 실수조차 잊기 때문이라*
나의 실수는 무엇인가요

저녁 드세요
바람 부는 저녁 토리노 외딴집**

감자, 감자는 삶이고 죽음
아버지와 딸은 감자를 사이에 두고 마주 앉아요
괴괴한 바람과 축축한 어둠이 창밖에 걸어 다니죠
길게 자란 밤이 집 안을 노려보고
바람은 중유*** 속에 떠도는 영혼의 손을 잡고 춤추죠

밖에서 안을 보면 얼마나 많이 볼 수 있을까요
안은 텅 빈 감자 상자
나는 무엇으로 나를 채워야 하나요

매일 식은 감자의 시간을 걷는
뫼비우스의 띠 같은 이곳은 어디인가요

여섯째 날 아버지와 딸은 생감자를 앞에 두고 앉아요
먹어라 먹어야 만 해
아버지의 시적시적한 목소리 위로 불이 꺼져요

미구에 나는 철 지난 감자로 뒹굴며
틔울 수 없는 싹을 무연히 밀어 올리겠죠

바람 속에 말을 끌어안고 누군가 흐느끼는 소리가 들려요

* 니체
** '벨라 타르' 감독의 영화 〈토리노의 말. 2011〉의 배경이 되는 곳
*** 바르도. 사유에서 생유로 이어지는 중간적 존재

파르

만질 수도 볼 수도 없지만
온몸을 타고 올라오는 느낌으로 알 수 있다
파르*가 내게 왔다는 것을

아장거리며 웃던 아이가
환절기처럼 떠나간 새벽
나는 안개에 휩싸인 마을 끝에 있었고
전깃줄에 들깨처럼 앉아 있는 까마귀 울음 들으며
길이 없어질 때까지 걸었다
그때 처음 다가온 것이 파르였다

어디서부터 불어온 걸까

서걱이는 갈대밭에 홀로 서성였거나
베란다에 웅크리고 앉아 어깨를 들썩였거나
얼음 위에 맨발로 서 있었을 거라 생각되지만
그건 알 수 없는 일
 그저 나와 함께하는, 그 소름 돋는 따듯함을 파르
라 불렀다

〈
파르는 수시로 내게 기척을 내민다
나를 데워주던 것들이
손가락 사이 모래처럼 주르르 흘러내릴 때
드릴이 몸을 떨며 늑골을 후비거나
사시미 칼이 조각조각 생각을 도려낼 때도

누군가 내 심장을 훔쳐 갔을 때
파르의 어깨에 기대
숨 쉬어지지 않는 가슴을
푸른 멍울이 감기도록 두들겼다

잃어버린 것들을 생각한다

* 조어, 화자의 감각

오버랩

낯선 차에 들어가 책을 펼친다
기다리는 사람은 오지 않고
허락도 없이 앉은 시간의 목이 길어진다

두꺼운 빨대로 요거트를 빠는데,
블루베리가 걸려 넘어오지 않는다
볼이 홀쭉해지도록 빨아도 감감무소식이다
마치 오지 않은 사람처럼

무심히 창을 본다
천장 아래 쥐꼬리처럼 늘어진 전선 끝
아슬하게 매달린 눈동자가 초조한 빛을 흘리며 대롱거린다
모르는 차에 홀로 앉은 저녁이 얼비치고
등 뒤로 알바생의 두건과 쟁반이 분주하다

차 주인인 듯 흰 셔츠가 뚜벅뚜벅 걸어와 문을 당긴다
내가 있는 줄도 모르고 내 위에 앉는 남자

그와 내가 아슴하게 섞인다

의자에 앉더니 내 목덜미를 더듬어 백미러를 맞추는 남자
내 어깨에서 벨트를 늘여 허리에 꽂는다
시동을 켜는 듯 내 가슴에 손을 쑤욱 넣는 남자
움찔 놀란 내가 깔깔한 눈으로 쳐다보자
무표정한 얼굴로 핸들을 돌린다

주차장을 빠져나가는 검은 차
그에게서 내가 서서히 떨어진다
주차된 차, 앞 유리에 비친 나는 사라지고
카페 통유리에 비친 나만 남는다
어둠을 돌아 나가는 세단의 엉덩이에 올라탄 바람이
씨익~ 웃는다

나는 어디로 갔을까

취화

노을이 동공 속으로 붉게 번지는 저녁
병뚜껑을 따듯 눈을 뜨니 월문리 산속이다
취생몽사가 손에 들려있고
복사꽃이 철쭉을 덮으며 흩날린다

검을 어디에 두었는지 기억이 나지 않는다

낮잠을 자고 있는데 당나귀를 끌고 별안간 나타난 여자
내 머리채를 손에 감아쥐고 온 산속을 질질 끌고 다닌다
등줄기에 밥풀꽃처럼 돋은 소름을 달고
여자의 손에 며칠을 끌려다닌다

꾸불거리는 뇌 속에 섬처럼 숨어 있던 여자가
살을 뚫고 튀어나와 나를 흔드는 계절
갈비뼈에 숨겨둔 검을 빼 여자를 긋기 시작한다
검이 빠르면 피가 솟을 때 바람 소리처럼 듣기 좋다던데*

〈

바람에 잎이 파르르 떨듯
여자는 없는 비명을 지르며 사라진다
달리는 청설모 보폭 안으로 들어갔는지
산비둘기 울음 속으로 스몄는지 알 수 없다

복사꽃 아래 서 있는 철쭉에 핏물이 들었다
사라진 검을 물고 있는 걸까

밑동을 파 본다
손톱에 흙이 끼고 까진 손가락 사이로 붉은 액체가 스며 나온다
뿌리 끝에 박혀 있는 서늘한 검

산속에 봄이 붉게 나부낀다

* 동사서독에서 차용

2080-801-1212

몸 사용 명세서를 배부합니다
귀하의 납부자 번호는 2080-82043-1212입니다
부과 기간은 출생부터 사망까지입니다
납부처는 지구물류센터 산다 지점입니다
카드 자동이체 서비스도 오픈했습니다
무통장 입금 시 반드시 몸 주소를 입력하시기 바랍니다
사용 내용은 다음과 같습니다
청소비, 경비비, 소독비, 충전비, 소음처리비입니다
기타 지능형 몸 네트워크 사용료가 포함되어 있습니다
현재까지 몸 에너지 소비현황은
동일 면적 평균 대비 4% 더 많이 사용했습니다
명도 하거나 퇴거 시에는 1600-1004로 문의해 주시기 바랍니다
이번 생의 부과액은 2,149,960천원입니다
할인총계는 0원이고 미납액은 1,149,960천원입니다
기한을 넘겨 납부할 경우 연체료가 일할 계산되어 다음 생의 몸 관리비에 포함됩니다

예금주는 이생 파밀리에 4구역 바디 관리사무소입니다

흠집이 발생 시 A/S 비용이 발생함을 알려드립니다

이생 파밀리에 바디 관리사무소 드림

나비질*

팥을 쥐면, 차르르 차르르 파도 소리 들린다

흰 수건 머리에 두르고
바다색 방수포 위에 쪼그려 앉은 당신
빛바랜 스웨터에 헤진 몸빼가 바람을 등지고 있다

누렇게 마른 더미를 두들기면
구부러진 등을 따라 촘촘히 박히는 햇살
굽어 비틀린 손가락으로 잔가지와 꼬투리 걷어내고
검불에 뒤범벅된 알갱이를 쓸어 키에 담는다

하늘 향해 키를 올렸다 내리면
차르르 차르르 착차르르
파도 소리 내며 날갯짓하는 팥알들
당신의 붉은 바다가 키 안에서 출렁인다

키내림을 하면서
불어올 겨울을 홀로 준비했을 당신
헐렁한 옷 속을 파고드는 맵찬 갈바람 견디며

팥알처럼 단단히 여물어 갈 아이들 날개를 키웠으리
거친 해일처럼 불어오는 설움을
바람에 쭉정이 까부르듯 날렸으리

차르르 차르르 착차르르 티껍지가 날아가고
팥이 키 안쪽으로 튼실하게 쌓이면
눈물 같은 알갱이 그러모아
함지에 차곡차곡 담던 당신

마당 한 켠 바람이 불 때마다
아득한 물결 되어 명치에 쌓이던 소리, 소리들

 팥 쥔 손을 펴면, 웅크리고 앉은 키질 소리가 차르르 펼쳐지고
 어머니의 굵은 주름이 햇살에 풀어진다

 차르르 차르르 착 차르르

* 키로 부치어 바람을 내는 일

현대산 통조림 love-777

오늘이 마지막 기회입니다
이 제품은, 3회차 만에 매진될 정도로 반응이 뜨거웠는데요, 이번에 재출시한 상품엔 웃음, 바다, 촛불 등 달달한 감미료를 첨가했습니다

사용 시 주의 사항 알려드릴게요
첫째, 절단 부분이 날카로우므로 개봉할 때 가슴이 베이지 않도록 조심하세요
둘째, 유통 중 흠이 생겨도 절대 교환이 안 됩니다
셋째, 진심을 담는 일은 폐기 시 어려움을 겪을 수 있어 가슴 언저리만 담았음을 알려 드립니다
넷째, 개봉 후 변질될 우려가 있으니 이 점 참고하시기 바랍니다

기타 마음 가공품이고 멸균제품은 아닙니다

유통기한은 제품 윗면 표기 일까지이고 이번에 주문하신 분 중 선착순 다섯 명에게 이별 통조림 하나를 더 드립니다

헤어짐은 통통하게 살 오른 사랑으로 만들지요 love 통조림을 구매하신 분들이라면 반드시 먹어봐야 할 맛인데요
 자 지금 바로 전화 주세요

 영양 정보는 눈물 소금 400g 고통 탄수화물 600g 스트레스 콜레스테롤 65g 화난 단백질 12g입니다
 마감이 5분, 5분 남았습니다

 드디어 매진입니다
 방송 후에는 080-8262-4545로 전화 주세요
  지금까지 love-777 통조림이었고요 저는 호스트 김사랑이었습니다

시간의 얼굴

삐걱거리는 침대에 누워 어둠을 켠다
잠이 몸속으로 건너오는 순간, 덜컹거리는 창밖
치어처럼 바글거리는 어둠 속에 검은 망토 걸친 노파가 서 있다
나비 디지털 시계를 목에 건 노파
실핏줄이 툭툭 불거진 손을 비비며 흔들리는 눈동자로 뒤를 힐끗거린다

00년 00시간 05분 60초
00년 00시간 05분 59초

초록 숫자가 빠르게 변하고 있다
남쪽 히키산으로 가야 하는데
시간을 잃어버려 꼼짝없이 갇히게 되었다는 노파
말하는 동안에도 숫자는 줄어들고
벽에 걸린 시곗바늘은 자정으로 가고 있다

노파의 입술은 서리 맞은 수국 잎
눈동자가 파르르 떨리고

미간엔 세로 주름이 깊게 새겨지는데
목걸이 속 시간은 옹알이처럼 초록초록 작아진다

00년 00시간 01분 30초
00년 00시간 01분 29초

시간을 빌려 달라며 주먹만 한 다이아몬드를 내미
는 노파
반짝임은 나를 갈아입을 기회
구겨진 뇌 속에 스멀스멀 붉은 싹이 돋는다
잠으로 지워지는 시간 따윈 줄 수 있다고 여짓대며
말하자
뱀 같은 손으로 내 손을 잡는 노파

노파의 목걸이가 빠르게 충전되고 나비가 파닥인다
40년 24시간 30분 00초
숫자가 찍히는 목걸이
졸음이 밀려오고 젖은 짚단처럼 스르르 잠 속으로 빨
려드는 나

〈
얼마나 시간이 흘렀을까
햇살이 눈두덩을 붉게 물들고 병뚜껑 따듯 눈을 뜬다
거미줄이 여기저기 걸려있는 먼지 수북한 방안
삐걱거리는 창문을 열자 담쟁이가 지붕 끝까지 닿아 있다
버석한 입술, 목을 찌르는 갈증

곰팡이 핀 방문을 열자 문틀에서 우수수 떨어지는 시멘트 가루
한쪽 벽이 무너져 내려 바람이 드나들고 있는 거실을 지나
싱크대에 가서 컵을 든다
수십 개의 발로 우르르 달아나는 컵 속의 노래기
수돗물에서 녹 찌꺼기가 흘러나오고
천정에선 거미가 훅 내려온다

욕실 거울의 찌든 때를 손으로 지운다
유리 속에서 노파가 웃고 있다
깜짝 놀라 뒤를 돌아보자
조직적으로 노려보는 찌든 타일 타일들뿐,
〈

나뭇등걸이 된 손으로 얼굴을 만진다
손바닥 가득 들어오는 쭈글 거리는 살갗
순간, 창문이 덜컹거리고
웃으며 서 있는 검은 망토 입은 여자가 눈에 익은 나비 목걸이를 걸고 있다
통통하게 살 오른 볼에 윤기 나는 머리 흩날리며,

시간을 돌려달라고 하자
버리는 것을 가져간 것뿐이라며 어둠 속으로 사라진다
먼지처럼 풀썩 주저앉아 먼 하늘을 바라보는 나
목에 걸린 나비의 날개가 파득 거린다
목걸이에 숫자가 빠르게 줄고 있다

00년 00시간 05분 60초

00시간 05분 59초

05분 58초

57초

6초

발성 연습

예초기 풀 뜯어 먹는 소리가 고막을 두들겨요

바람은 깊은 잠 속까지 들어와 어깨를 흔들어요

가루 가루 꽃가루가 날려요

꽃가루 알레르기는 재채기를 유발해요

머리카락이 그네를 타죠

가릉 거리던 고양이가 눈을 부릅떠요

십자가가 귓볼에서 대롱거려요

장검을 들고 교회 첨탑에 거꾸로 매달린 투명 인간을 본 적 있나요

날개를 잃어버린 팅커벨이 골방에서 울고 있어요

벽에선 고흐의 감자 먹는 사람들이 램프 아래 모여

〈

휑한 침묵의 노래를 불러요

매미 소리는 방을 향해 의족을 끼고 달려와요

보칼리제*가 심장을 저미며 허공에 허밍하죠

몸속에 숨어 있던 목소리가 울대를 걸어와요

* 라흐마니노프 곡

습濕

3분을 설정해 놓고 창가에 앉지
바다가 훤히 보이는 젖은 창은 마음까지 축축하게 하지
세븐일레븐 편의점 유리문 위로 비가 내리고
오늘도 나는 구겨진 종이컵

종이컵은 쓸모가 많은 물건이지 낮에도 밤에도
술을 붓고 커피를 타고 오줌을 받고 귤껍질을 담고 가끔은 쓸쓸함도 넣지

큰 종이컵에
밥 넣고 물 넣고 미역을 넣고 액상 스프도 넣고
차디찬 기억을 넣어 전자렌지를 돌리고
삐~ 소리를 기다리지

꾀죄죄한 내가 컵이라도 훔쳐 갈 것 같았나
새벽 네 시처럼 생긴 알바생이 주위를 맴돌며
컵누들과 컵라면과 컵밥을 매대에 진열하는 척하지
가끔 낯선 도시를 홀로 헤매다 지치면
귀향지처럼 편의점에 들러 어둠을 되새김하는 기분을

맛보는데
　설명해 줄까 말까

믿음은 먹을수록 물컹해지고
의심은 오래 씹을수록 단단해지는 법
음악이 흐르고 빗물도 흐르고 미역 컵밥은 따듯한데
불어터진 어제는 버릴까 말까

종이컵은 쓸모가 없는 물건이지 낮에도 밤에도
구기면 구기는 대로 조용히 구겨지고 버려지는 여자 같지

남은 밥을 체에 거르고
종이컵은 쓰레기통에 넣고 유리문을 열지
햇살이 수평선 위로 잇몸을 드러내기 시작하고
나는 잔뜩 구겨진 채 서귀포 앞바다로 축축하게 걸어가지
질척한 어제의 발소리가 자꾸 뒤따라오면

이젠 진짜,

골고타 언덕 가는 길

고속버스에서 내리자
희끗희끗한 남자가 택시 문을 열고 서 있습니다
함박눈 같은 미소에 끌려 의자에 앉으니 문을 닫아주는 남자
나는 골고타 언덕으로 데려다 달라고 합니다

할렐루야
뒤로 고개 돌려 책을 쓱 내미는 남자
두려움에 떨며 남자의 설교를 듣습니다
기도하라 합니다
기도는 해본 적이 없습니다
갑자기 기도에 김밥을 우겨 넣는 것 같습니다

사대 성인 중 예수만 무덤이 없으니
그는 인간이 아니라 신이랍니다
홀로 부활을 했으니 믿어야 한답니다
한때는 믿었던 놈에게 뒤통수를 호되게 맞은 적 있다고 말하려다
눈만 껌뻑이며 말을 말립니다

〈

마른 하늘에 번개가 치고 우박이 쏟아집니다
붉은 십자가가 장검처럼 도시의 건물을 찌릅니다

검은 차 안을 살핍니다
모니터 불빛이 반짝이며 거리를 끌고 갑니다
숫자가 두근두근 심장 박동처럼 올라가고 나는 간이 쪼그라듭니다
모범이라는 글자가 이제야 보입니다

카페 골고타 언덕 간판이 빨갛게 웃고
고추바람 속에 내립니다
남자가 건넨 책을 펼칩니다

진리를 구하는 자 한 사람이라도 찾으면 내가 이 도시를 용서하리라*

* 예레미아 5:1 변용

아껴 접는 밤

　명치에 접어둔 말들이 불쑥 울대를 타고 올라오듯
　접은 날들이 자꾸만 펴지는 밤이면 나는 색종이를 접어요
　대문 접기*부터 시작해요
　꾹꾹 눌러 접을 때마다
　펼 수 없는 몸 가진 영혼을 생각해요
　삐거덕 누군가 문을 열고 다른 세상으로 건너가는 소리가 들려요

　접은 것들은 모두 단단해요
　펼쳤을 땐 깃털 같고 난로 같은 것들이
　접고 나면 차갑게 뼈에 박히죠
　빗물을 받아내다 접은 우산도 숨을 접은 당신의 몸도

　마른 들깨 줄기 같은 손가락에 맥박 줄을 달고 검게 늘어진 밤
　심박 그래프 파리하게 멈출 때
　세상을 접고 돌이 된 숨
　다르촉처럼 펄럭이는 오동나무 아래

접힌 숨을 심고 물을 줘요

언제부터 익혔을까요 숨 접는 법을

기억을 아껴 접다가
접히지 않는 시간은 어둠 속에 묻기로 해요
밤새 접은 파란 심장을 꿈속에 두고 오죠
펴고 접고 또 펼친 헐렁해진 종이로
새로운 대문을 접을 수 있을까요
삐거덕 누군가 문을 열고 들어올 것 같아요

접힌 색종이를 명목처럼 펼쳐 밤의 얼굴을 덮어요

* 종이접기의 기본 접기 중 하나

2부

4시 근처

오라

하늘이 오라를 내리고 있다
마치 모두 목을 매야 한다는 듯

산 중턱에 솟은 송전탑에
아스팔트를 질주하는 택시에
402동 앞 쪼그려 앉아 담배를 빨고 있는 남자의 슬리퍼 위에
포밀리아 임대아파트 베란다에서 밖을 보는 내 눈 속에
끝없이 이어지는 줄

오라를 받아야 하나 말아야 하나

어떤 이는 쏟아지는 오라에 놀라
흔들리는 커피잔 손에 쥔 채 침묵을 삼키고
어떤 이는 머리를 두 팔로 감싸며 집으로 들어가고
다른 이는 오라를 목에 걸고 옥상에서 뛰어내린다

오라를 피해 달리는 오토바이는

아스팔트에 미끄러져 온몸에 투명한 줄을 친친 감고
고지대에서 밀어낸 오라는
반지하 방으로 흘러들어 시든 사람들을 옥죈다

비는 하늘이 인간에게 던지는 오라

오라를 오라 해야 하나 가라 해야 하나
오늘도 수많은 사람이 창가에 서서
 시력을 잃어가는 이의 초점 없는 눈동자 되어 오라
를 본다
 사납게 떨어지는 오라 소리에 점점 길어지는 생각
의 줄

오라를 받아야 하나 말아야 하나

링

　계곡 물소리 찔레꽃 잎을 하얗게 적시는 오후. 정자에 앉아 상을 펴놓고 초여름을 듣는 그녀. 오른쪽, 하얀 머그잔과 주황색 플라스틱 안경집 검정 머리끈 빨간 핸드폰 그리고 펼쳐져 있는 한 잎의 여자.* 왼쪽, 통조림 깡통으로 만든 연필꽂이 속엔 볼펜과 네임펜과 싸인펜이 서로의 키를 재고.

　산비둘기 노랫소리 귓가를 두드리면 요크셔테리아 철이의 늘어지는 숨소리 꿈속을 넘나들고. 발아래 청개구리를 보는 붓꽃. 휙 부는 바람 따라 먼지들이 후둑, 날리고. 가슴이 붉은 딱새 날아간 뽕나무 가지가 흐늘거리고. 그 위로 아랫마을 승현이 아저씨의 오토바이 소리가 오후를 가르고.

　펄쩍 뛰어올라 거실에 있는 노파의 손에 앉는 청개구리.

　노파는 사진 밖으로 튀어나온 개구리를 살며시 붓꽃 잎 위에 올려주고. 붓꽃의 보랏빛이 파르르 흔들리고. 동그란 눈으로 노파를 쳐다보는 그녀, 노파의 내민 손을 잡고 거실로 건너오고. 어리둥절 거실을 둘러보는 사이 주스 내미는 노파. 처마 밑에 대롱거리는 빗방울 같은 눈으로 입을 열고.

너의 불행은 불가능한 시를 쓰는 것에서 시작했어. 욕망에 가득 찬 몽상은 너를 흔들어댔지. 노파의 말은 뱀의 혀 되어 마음 구석구석을 더듬고. 그녀는 추행당한 미모사처럼 움츠리고.

2066.06.06. 벽에 박힌 전자달력의 숫자가 반짝이고. 누렇게 바랜 한 잎의 여자가 펼쳐져 있는 소파. 방금 전 보았던 월문리가 사진으로 끼워져 있는 갈피. 사진 속 그녀가 지워지고. 철이는 거실의 그녀를 보며 컹컹 짖고. 손을 뻗어 철이를 안아 올리는 그녀. 정자에 바람이 횡 불고 사진에서 사라지는 철이. 그녀는 노인이 된 자신의 뒷모습을 보며 책의 바랜 속살에서 푸른 월문리 사진을 꺼내고.

그때, 거실 가득 울려 퍼지는 벨 소리. 사진 속 전화기에서 흘러나오는 윤도현 밴드의 붉은 노래.
난 아주 작은 애벌레. 살이 터져 허물 벗어~~

* 오규원 시

잠녀

파도가 향두가를 부르는 모슬포
감귤 빛 테왁*이 돌아왔다
물질하다 기대 쉬던 둥근 공 위에
주인 잃은 숨비소리만 가득 묻어 있다

물의 빗장을 풀고 들어간 상군 할망이
이틀 만에 물 밖으로 보내온 테왁
할망은 지금 어느 바다를 홀로 헤매고 있을까

이어도사나 이어도사나
젖은 노래를 끌어안고 푸른 물속을 들썩이고 있을까
길가의 먼나무** 열매 충혈된 눈으로 쳐다보고
갯바람은 머리 풀고 휘도는데,

사는 건 숨 참고 망막한 물길을 홀로 찾아 가는 일

참았다 푸는 숨비소리로 바다를 달래며
불턱***에 서로의 언 손을 녹이곤 했던 시린 겨울
납 벨트 차고 망사리 어깨에 걸머진 채

외길 따라 걷던 할망의 뒷모습이 딸의 눈에 맺힌다

갈매기 날갯짓 후렴처럼 펄럭이는 바다
갯바위에 부딪히는 포말꽃이 절창이다
하얗게 밀려와 부서져도
또 일어서는 것이 우리네 삶이라고
파도가 꽃을 피워 위로할 때

딸은 다시 테왁을 매고
푸른 물의 늑골 속으로 들어간다

* 물질을 할 때 잠시 쉬거나 채취물을 걸어두기도 하는 공 모양의 도구
** 한겨울에도 붉은 열매를 달고 있는 나무
*** 해녀들의 몸을 녹이는 불

카라신*

눈을 떼어 손끝에 달았다
더듬더듬 커튼 쳐진 수족관 속을 걷는다
심해 동굴같은 어두운 방 안
테라스와 맞닿은 유리에 거미줄 같은 얼음꽃이 피었다
손가락으로 만지자 흘러내리는 흰 피
그가 다가와 여자의 얼굴에 핀 흉터를 만진다
얼음꽃 같구나 따듯한 얼음꽃이라니

커튼을 살며시 걷자 눈을 찌르는 빛의 손가락
방 안이 환해지고 어린 그녀가 거울 안에서 어깨를 들썩인다
얼굴로 날아오는 소주병 위로 허공에 깨지는 비명
눈에서 몽글몽글 피는 붉은 꽃이 볼을 타고 흐른다
일시에 빛이 사라진다

꽃 진 자리 흰 흉터가 빼곡하게 피었다
애야~ 아름다운 건 세상에 닿으면 녹아버린단다
귓속을 파고드는 뾰족한 그의 목소리

드릴 되어 소녀의 얼굴을 뭉갠다

구석에 있는 수족관에 손을 넣어
물고기 잡은 손에 힘을 주는 여자
수족관 가득 떠다니는 비린 냄새 위로
그의 목소리가 퍼진다
커튼을 내리거라
희미한 세상을 꺼라
네가 다 녹기 전에

* 멕시코 동굴에 사는 물고기. 블라인드 케이브 피쉬라고 함. 부화 직후에는 눈이 있으나 성장하면서 눈이 피부 속으로 들어가 앞을 전혀 볼수 없게 된다

사냥의 계절

비밀이 자라는 만삭의 무덤가
탯줄 같은 쐐기풀을 잘라 바구니에 넣는 엘리제
개켜진 하루가 납작하게 숨 죽인다

동굴에 당도한 엘리제*의 머리 위로
양수 터진 저녁 하늘이 피를 흘리고,
붉은 자궁을 눈으로 쓰다듬으며 숨을 토하는 엘리제
커진 귀를 벗어 바위에 걸쳐 놓는다

사지가 잘린 동굴 속에서
얼기설기 구멍 난 소문을 바늘에 꿰어
열한 번째 침묵의 스웨터를 짠다

나는 마녀가 아니에요
아니 나는 어쩌면 마녀일까요
나는 백조를 오빠로 낳아야 해요
사람들은 나를 사냥할까요

새어 나오려는 목소리를 꺾어 몸속 깊이 파묻는 엘리제

스웨터를 완성해 허공에 뿌린다
 날 선 바람이 하늘의 회음부를 절개하고
 노을에 젖은 백조가 빨갛게 울며 축축한 머리를 내
밀다

 열한 벌의 소문이 허공에서 넘실거리고
 뿌려지는 무성한 돌팔매에 동굴이 서서히 몸통을
일으킨다

 동굴 속, 부푼 젖비린내가 출렁인다

 * 안데르센동화 백조왕자에 나오는 공주

체념증후군[*]

어쩌면, 눈물처럼
사라지고 싶다는 생각을 해 봤어
휘청이는 길 위에 압정 같은 날들이 빼곡하게 뿌려지면
울음 속에 첨벙 몸을 담그고
눈물을 뭉쳐 만든 사람이 되고 싶었지

비명을 몸속으로 삼키며 입을 다물었어
입을 열지 않을 때마다 달려드는 시선
눈빛을 잡으려 몸을 다물었지
나를 지우고 남은 나는 무엇일까

몸이 굳어 가면 갈수록
무심했던 눈들이 악어의 이빨 되어 물고 놓지 않았어
세상은 물총새처럼 종종거리며 나를 삼키겠지
팬터마임은
있다고 생각하는 것이 아니라 없다는 사실을 잊어 버리는 거야[**]
〈

어디에도 나는 없었지
사는 건 서랍 속에 몰래 넣어둔 구겨진 손수건 같은 것
내가 없다는 사실을 잊기로 하자
점점 조여 오는 계절의 어깨 위로
따끔따끔 눈물처럼 내가 떠 올랐어

* 정신적 외상을 입은 난민 아동에게 나타나는 증상. 극도의 스트레스로 숨은 쉬나 의식이 없는 상태

** 하루키 「헛간을 태우다」 변용

토르소

재개발 예정 아파트 창에 달빛이 몰려와
유기된 밤을 비춘다
바닥엔 엎질러진 물이 취객처럼 몸을 널고
흩어진 사료 알갱이, 갈색 말줄임표로 점점이 박혀 있다

어스름 안쪽에 검은 핏방울처럼
몽글몽글 움직이는 털복숭이들
퀴퀴한 옷을 깔고 누운 잠에 취한 솜뭉치가
새근거리며 커졌다 작아지기를 반복한다

축 늘어진 어미의 젖가슴을
배고픈 시간이 눈 감은 채 빨고 있다
어둠의 속살을 치한처럼 더듬던 바람이 흠칫 놀라 물러선다

밤은 점점 불어가고
문은 삐걱이며 신음을 토하고 달은 그렁그렁한 빛을 흘리는데

뒤척이는 강아지들을 핥는 요크셔테리아 혀에 근심
이 붉다

끓는 물에 맨손을 넣는 듯한 밤
데쳐진 어둠을 만지작거리며 침묵 속을 지샌다

쿵! 창문이 입 닫는 소리에도 바짝 선 두 귀는
떠나간 발소리일세라 뾰족하게 주파수를 맞춘다

철거 시작일이 적힌 플래카드가 뒤척이는 단지 입구
빨갛게 올라온 9월 30일이라는 숫자를
밤새 긁어대는
바람의 손톱이 창백하다

4시 근처

미역처럼 펼쳐진 해안도로 옆구리
바다로 내려가는 새침한 시멘트 계단이 있다

조붓한 길, 셋째 칸에 새우처럼 앉아
파도 소리 듣는데 누군가 나를 노려본다

붉은 눈알 두 개

하나를 집어
거죽에 핀 하얀 분을 바지에 쓱쓱 문지른다
안개 걷힌 바다처럼 반짝이는 눈알
충혈된 눈동자로 무엇을 찾고 있었을까

또 하나를 집어 든다
베어 문 선연한 자국
치아의 흔적을 따라 모래가 바글바글 즙을 빤다

패인 눈으로 새벽을 건너며 무슨 생각을 했을까
씻어도 씻어내도 미역귀를 떠나지 못하는

끈적한 알긴산처럼 바닷가를 끈적하게 맴도는 나

시퍼런 문장을 찾아 헤매다
나는 여기서 무릎이 녹아내린다
네가 찾는 것 따윈 애초에 있지도 않았다며
갯바람이 머리채를 흔들고
끼룩끼룩, 어서 돌아가라고 갈매기 목청을 돋우는데

피서객들이 밤새 벗어놓고 간 말들이 움푹움푹 떨어진 해변
자두는 환하게 발밑을 비추는데
언제부터 있었을까
희미한 하늘에 중얼중얼 떠 있는 자모字母들

뒹구는 눈은 새벽 별 끝까지 빛을 보내고
멀리 수평선이 밑줄을 긋는다

카빠코챠*

웅크린 한 생애가 깨어난다
검은 강물처럼 출렁이는 머리
살며시 감은 눈
무릎 위에 가지런히 올려놓은 손
금방이라도 말을 걸어올 것 같은 입술
벌어진 입술 사이 쌀알같이 드러난 하얀 이

안데스의 만년설에 안겨 단잠에 빠진 소녀 라돈체라
제물로 바쳐지기 위해
까마득한 설산을 기꺼이 올랐겠다
터진 가죽신 사이로 또박또박 눈이 스미고
죽음의 그림자가 어깨 짚었을 그 밤,

수많은 생각이 늑골 속에 피어나면
코카잎 입에 넣고 추위와 두려움 씹으며
두고 온 라마의 울음소리 귓전에 술렁였겠다

모든 것을 신에게 바친 후
소녀에겐 어떤 소망이 남아 있었을까

석관에 담겨 단단한 잠에 빠진 소녀는
어떤 꿈을 꾸었을까
오백 년 동안 얼어버린 기억을 안고 잠든
그녀는 그녀를 온전히 버릴 수 없었겠다

파헤쳐진 동굴이 옮겨진 박물관
서늘한 도시의 불빛 아래 놓인 라돈체라
설움 가득 고인 몸 위로 관람객의 발자국이 쌓인다
수많은 낮과 밤을 건너온 침묵이
호기심 어린 눈빛에 한 올 한 올 풀어지고 있다

* 잉카지역의 인신공희 풍습으로 기근과 황제 승하 제사 시 행해졌다

플라나리아

다오, 삐찌*와 우암산 순회도로를 드라이브하고 있었지
창밖 구름에 눈을 주고 새소리에 귀를 떼어주는데
앞으로 돌진하는 레이싱 카
내 차는 납작하게 뭉개졌지
새들이 쳤어 쳤어 비명을 지르며 날아오르고
송전탑은 하얗게 질려 부동자세로 서 있었지
길에 눌어붙은 껌처럼 찐득하게 몸을 일으키는데
쿵~ 차가 폭발하고
터진 풍선 같은 내 살 조각이 이깔나무 잎에 박혔지
컴퓨터 자판을 쾅쾅 누르며 헤드셋을 집어 던졌지

게임이 종료되고
나는 오후의 늘어진 뱃살을 머리로 들어 올리며
컴퓨터 옆에 놓여 있는 총을 들었어
창밖엔 적들이 노리고 있었어
나는 둠피스트에게 헬파이어 샷건을 난사했어
 계단 아래로 검은 복면을 쓴 리퍼**가 피를 토하며 뒹굴었지
 춤추는 커튼 사이로 몸을 숨기는 순간

가슴에 차가운 총탄이 박혔어
손가락 사이로 붉은 시클라멘이 흘러내렸어
난 사선으로 쓰러지며 천정을 응시했지

누워 있는 내 눈 속으로 커다란 눈망울이 들어왔어
나를 집어삼킨 눈동자에 갇혀
가슴을 쥐고 신음하다 스르르 눈을 감았지헤드셋을 던지고 컴퓨터를 쾅쾅 내리쳤어
게임이 종료되고 나는 검은 동공을 떠 올리며 일어났지

거실 끝에 박혀 있는 현관문을 열고 밖으로 나갔어
황량한 돌산이 에워쌌어
에이펙스[***]화면이 나를 훅 덮치고 내 손엔 노란 총이 들려 있었지

* 카트라이더 캐릭터
** 오버워치 캐릭터
*** 게임 이름

쿠키 먹는 시간

아이티* 아이들은
진흙쿠키를 먹는다는데

아무리 먹을 게 없어도 그렇지
어떻게 흙을 먹을까 생각을 하다가도
사람이 뭐는 못먹겠나
극한 배고픔에 처하면 사람도 잡아먹는 판에
까짓 흙쯤이야 하는 마음이 먼지처럼 일어난다

햇빛에 구운 동그란 과자를 손에 들고
콧물 범벅된 채 먹는 아이들
진흙 쿠키를 먹는 영상과 영상 사이
샤넬 가방 광고가 나오는 건 무슨 우연의 장난일까

채널을 확 비벼 끄고 싶은데
  CHANNEL에서 서 N을 빼니 CHANEL이 되는 묘한 조합은
  둘이 한통속 아닌가 하는 발칙한 상상을 하게 하는데
  〈

"피난 가냐? 짐 쌀 일 있어? 왜 여자들은 가방을 그렇게 좋아해?"
 어떤 남자의 목소리가 귓전에 맴돌아
 피식 헛웃음이 나오는 밤

 저 가방 하나면 쿠키를 얼마나 살 수 있을까
 가만히 머릿속으로 굴려봐도 답이 나오지 않고
 카리브해 싯 푸른 파도 소리만 철썩철썩 가슴을 긋는 밤이다

* 중남미 서인도제도에 있는 나라

끝물

접시에 누워 허공을 보고 있는 캠벨 한 송이
미동도 없는 수십 개의 눈동자
그 검붉은 눈을 따라다 눈물에 손끝을 찔렸다
손가락을 타고 흐르는 서늘한 눈물 냄새
눈동자가 내게 말없이 말을 한다

난 핏빛 비극이 좋아
탱글한 눈을 굴리며 숨죽인 한 생을 살았지
살갗을 태우던 햇빛과 아찔한 정사도 끝나고
온몸을 비벼대는 빗줄기와 소름 돋는 밀어도 끝났지
기러기는 넷플릭스 미드처럼 알 수 없는 소리를 내며
북쪽 하늘로 떠나고 난 가을 역에서 발이 녹았어

내가 탈 수 없었던 기차가 매운 속도로 겨울 역을 향할 때
 서리는 차가운 날개를 펄럭였지
 단풍은 금 간 거울 같은 표정으로 나를 보고
 찬바람은 칼을 세워 내 몸으로 쏟아졌지
 마른 가지 끝에서 흔들리던 나는

분노의 씨앗을 몸속에 동전처럼 쌓았지
기억은 썩지 않은 비닐처럼 질기게 펄럭였지
돌아보면 모든 날은 핏빛을 키우고 있었지

접시 위 눈알을 떼어 씹는다
툭 터지며 식도를 타고 내려가는 포도의 체액
감춰진 울음이 달큰하게 흘러든다

불사조 죽이기

나는 매일 여자를 죽이며 산다
흥얼흥얼 콧노래 날리며 주변을 맴도는 여자
여자를 보면 사막에 묻혀 얼굴만 내민 채
찐 고구마를 꾸역꾸역 목구멍에 쑤셔 넣는 기분이다

잠들기 전 베개 속 부적 만지며 주문을 다섯 번 외고
아침에 깨어나 세면대 거울 보며 다섯 번 목을 조른다
오후 세 시엔 이름 써넣은 제웅을
책상에 올려놓고 심장 깊숙이 바늘을 찔러 넣는다

울컥하고 피를 쏟으며 여자가 쓰러지고
나는 멈칫 손에서 바늘을 떨어뜨린다

그러나 희번덕거리는 눈을 치켜뜨며 또다시 살아나는 여자
문득 생년월일을 써넣어야겠다고 생각한다
세상에 같은 이름을 가진 이는 많으니까
〈

생각이 안 풀릴 때나 홀로 있을 때
어김없이 몸집을 키우는 여자
대접에 붙어 말라버린 국수 가닥처럼
실눈으로 째려보며 떠나지 않는 여자
매일 죽여도 매일 살아나는,

여자는 지난여름, 책 속에서 불쑥 걸어 나왔다

아도니스*의 베이루트를 위한 거울을 읽고 있을 때
졸린 눈을 찢으며 나타난 후 날파리처럼 맴돈다

오늘 밤에도 나는 여자를 죽일 것이다
이면지 뒷면에 두족인을 그리고
이마에 이름을 적어 가스렌지로 갈 것이다
매캐한 냄새에 섞인 푸른 불꽃이 올라오면
불 속에 담그고 또 담글 것이다

죽여서 죽일 수 있다면 죽이고 또 죽일 것이다
수시로 죽일 생각에 골몰하는 나를

살인마라고 생각하는 사람은 아무도 없다
 그녀는 내 머릿속에서 매일 죽고 매일 살아나는 잡념이니까

 * 시리아 시인

3부

꿈에 베이다

무릎 꿇은 나무*

　노란 패딩 입은 아이가 꼬리연을 날리는 무심천변. 바이올린 현 같은 여자가 아이를 말없이 바라보고 있다. 아이의 표정 속엔 어린 그녀의 얼굴이 살고 있다. 얼레를 풀자 연을 따라 서서히 뒤로 흐르는 시간. 연이 하늘 멀리 날아갈수록 그녀의 키가 점점 줄어든다.

　뭉크의 그림 같았던 그녀의 어린 시절. 어두운 놀이터, 홀로 흔들리던 빈 그네 같은 날들이 출렁인다. 팔꿈치 닳은 빨간 스웨터 걸치고 땟국 묻은 손으로 연을 날리고 돌아온 날이면 고아원 뒤뜰에 새겨지던 검은 발자국.

　눈 위를 넘보던 늙은 바람이 창틀로 넘어와 그녀의 몸을 물어뜯곤 했다. 선홍빛 꽃이 떨어져 이불 적시던 밤, 명치에 꿈틀거리던 아픔 도려내 체관에 차곡차곡 쌓아 자물쇠를 채운 그녀. 얼레를 감았다 풀 때마다 수목한계선의 어린 그녀가 다가왔다 멀어진다.
　〈

툭
끊어지는 연줄,
　　　꼬리를 흔들며
　　　　　울룩불룩한
　　　　　　　기억 속 극지로
　　　　　　　　　날아가 박힌다

　　　　　　　　그곳엔
　　　　　온몸에 옹이 박으며
　　　　　자라는 어린 그녀가,
　　　　　　무릎 꿇은 채
　　　　　　　눈보라 속에
　　　　　　　　바이올린을
　　　　　　　　　　켜고
　　　　　　　　　　있
　　　　　　　　　　다
　　　　　　　　　　　·

* 로키산맥 해발 3천 미터의 수목한계선 지대에서 자라는 무릎을 꿇고 있는 듯한 형상의 나무. 자연의 혹독한 시련을 견디고 살아남은 이 나무로 만든 바이올린은 아름다운 소리를 낸다고 한다.

다대포의 시간

다대포에 가면 재첩국처럼 뽀얀 기억이
모래톱 위에 반짝이지

싱싱한 재첩을 솥에 넣고
보글보글 새벽을 끓이던 어머니
그 진한 국물 한 사발에 취한 밤이 벌떡 일어날 때
세상모르고 자던 어린 나는
어머니 빈자리를 더듬으며
꿈속을 파고들곤 했는데

새벽을 머리에 이고 국 팔러 나간 어머니
버스에 덜컹덜컹 두려운 가슴을 실었다지
목 안에 자꾸만 감기는 소리를 풀며
남몰래 사이소 사이소 연습했다는데
부끄러워 올라오지 않는 말을
끌어당겨 허공에 널곤 했다는데

골목에 들어서면 목소리가 숨어서
얼굴만 빨개지다가도

집에 두고 온 자식들 곤한 숨소리가
모래알처럼 머릿속에 펼쳐지면 떨리는 손 불끈 쥐고
화끈거리는 얼굴로 재첩국 사이소를 외쳤다지

재첩국 사이소, 노래가 골목에 허밍처럼 풀어지고
양푼 들고나온 아낙들에게
부추 가득 얹은 시원한 시간을 건네주었다지
그렇게 한나절 외치고 나면 손에 쥐어지는 건 겨우 몇 끼의 쌀
옹기종기 기다리는 아이들, 먹일 생각에 힘든 것도 잊었다는데

다대포에 가면
새벽을 깨우던 어머니, 그 뽀얀 목소리가
모래톱 위에 반짝이며 떠 다니지

날파리

산길을 오르는데
눈가를 감아 도는 검은 씨
손부채를 만들어 쫓아 버린다
날려도, 날려 보내도 다시 날아와
앞을 휘감고 도는 질긴 군무에 발이 묶인다

당신과 걷던 길에 어지러이 날고 있는 씨
조심조심 양손 들어 손뼉을 치려는데
갑자기 환영처럼 당신의 목소리가 들린다
잘 지내요, 울지 말고

울지 말라는 말에 눈에 고이는 물
허공에 떠 있는 손을 맥없이 떨어뜨린다
수십 마리의 씨앗들이 눈앞을 맴돈다
목소리가 문장이 되고 문장이 다시 수백 마리 씨앗
되어 맴돈다

잘 지내요. 잘 지내. 잘 지. 잘. 자. ㅈ. …
하늘 가득 날고 있는 글자들, 그중 하나가

눈 속을 파고든다
눈에 들어갔는데 왜 명치가 아플까
두 손을 모아 따끔거리는 가슴에 올리고
손가락에 힘을 주어 꾹꾹 누른다

잘 이라는 글자를 잡아 입속에 넣는다
지내요 라는 글자를 꼭꼭 씹어 목 안에 삼킨다
당신의 목소리가 점점 커져
검은 메아리로 허공 가득 울린다
잘 지내요. 잘 지내. 잘 지. 잘. 자. ㅈ. …

어느새 당신이 누워 있는 푸른 무덤 앞이다

게발선인장*

실핏줄을 엮어 짠 꽃
발끝마다 늘어져 만개한 겨울이 붉다
밤이 슬어 놓은 새벽
달동네에 몸을 심고 골목을 떠도는 노인
양말도 신지 못한 발로 흩어진 시간을 줍는다

가로등 아래 몸을 말아 폐지 그러쥐는 손이 떨린다
바짝 마른 얼굴엔 오목새김 된 주름을 가두고
키보다 높게 쌓인 박스 싣고 길을 건널 때
슬리퍼 위 가늘게 피어나는 핏줄

접히고 구겨진 날들 위로
떠나간 얼굴이 차곡차곡 쌓이면
마디마디 꺾인 관절로 빙판을 끌고 간다
명왕성 같은 자식들 얼굴 위로
퇴고할 수 없는 날들을 말아 쥐고 바람이 달린다

신호등 앞 붉은 눈을 보며
껍질만 남은 몸을 펴는 노인

눈이 초록으로 차갑게 식어가고
겨울을 끌고 가는 발이 분주하다
다 내어준 후 가득해지는 꽃

꽃은 가장 두꺼운 문장을 얇은 빛깔로 쓴다

* 선인장과의 여러해살이풀. 높이는 30~50cm이고 마디가 사방으로 뻗으며 모습이 게의 발과 비슷하다 12~1월에 붉은 자주색 꽃이 마디 끝에 핀다

베르툼누스*

깨진 액정 위로 햇살이 엿가락처럼 들러붙는다
노트북 커서는 깜빡이며 재촉하고, 목이 아픈 듯 고개 드는 남자
벽에 걸린 황제와 또 눈이 마주친다
자책이 꿈틀댈 때마다 그림 속에서 목소리가 들린다

남자는 복화술을 하듯
배에 힘을 주고 최대한 입술은 움직이지 않고 말한다
포도, 배, 석류, 밀 왕관을 쓰면 기분이 어떤가요?
검은 버찌 눈동자를 반짝이며 빛의 표정으로 답하는 황제
사백 년을 건너오느라 말소리가 점점 줄어들어 알아들을 수가 없다
좋다고 하는 것 같다

호박 이마는 참 달콤해 보이네요
당신은 책 볼 필요도 일할 필요도 없어서 좋겠군요
사는 건 싱크대 속 깊이 넣어 둔 오래된 나무젓가락 같아요

〈

　왼쪽 볼에 있는 복숭아 하나를 떼어 남자에게 주는 황제
　얼결에 복숭아를 받아들고 어깨를 들썩이며 재채기하는 남자
　모든 과일엔 제철이 있는 법, 아직은 복숭아를 먹기엔 이른 계절이죠
　황제의 말에 남자는 얼굴을 붉힌다

　식탁을 사이에 둔 대화가 오후의 나른한 공기 속으로 스미고
　마감 알림 문자가 톡톡거리며 튀어 오른다
　남자는 젖은 행주처럼 축축해진다

　맨날 멍 때리고 있을 거예요? 칼같이 살아도 힘든 세상에,
　아내의 목소리가 귓속을 저민다
　놀란 황제가 달력 속에서 눈을 동그랗게 뜨고
　식탁 위 햇살이 몸을 움츠리며 슬금슬금 발을 뺀다

남자는 접시 위 쪼글쪼글한 사과를 입에 넣는다

* 주세페 아르침볼도가 그린 루돌프2세의 초상화. 과일과 곡식으로 얼굴을 표현함. 베르툼누스는 로마신화에 나오는 '계절의 신'을 뜻함

꿈에 베이다

어둠이 몸을 뒤척이는 동안
꿈 한복판에서 잠시 스쳤던가, 우리는

간이침대에 쪼그리고 앉아 수미의 거친 숨소리를
듣는다

가녀린 팔로 수액이 똑똑 들어가고
열에 들뜬 아이가 고함을 치며 벌떡 일어나면
창가의 별빛도 놀라 두근거린다

마른 옥수수 껍질 같은 입술 사이로
아빠를 부르는 목소리가 가늘게 흘러나오고
땀에 젖은 머리카락을 쓸어주었던가, 나는

힘없이 돌아눕는 아이의 베게 밑에 꿈이 한 조각
떨어졌던가,
막 구운 바게트처럼 따듯한

바람의 잔등을 타고 있는 롤러코스트

풍선을 손에 쥔 채 입꼬리 말아 올리고 있는 수미
그 옆 썬그라스를 쓰고 파도처럼 출렁이는 당신
터지는 즐거운 비명에 하늘이 깨질 듯 파랗다
놀이기구 아래서 당신을 보며 얼음이 되었던가, 나는

알비레오에서 온 사람처럼 나를 알지 못했던가, 당신은
그렇게 스치고 있었던가, 우리는

비명 섞인 웃음이 멈추고
사람들이 들깨처럼 이리저리 흩어질 때
등만 보이며 내게서 멀어졌던가, 당신은

익숙한 둥근 등
그 위로 저녁이 번지고 있었던가
내 눈 속 모세혈관이 노을처럼 붉어졌던가, 그때

잘린 종잇장 같은 얼굴로 멍한 눈빛을 털며
황급히 아이의 꿈속을 빠져나왔던가, 나는

〈
매일 햇볕에 말려도 습습하게 젖어 드는 당신
아이의 꿈을 빌려 한참을 서성이다 갔던가, 당신은

모로 눕는 수미의 손에 꼭 쥐어진 파란 풍선, 하나

모래시계

빗소리를 심고 물을 주면 당신이 푸르게 돌아올까
잡지 못한 채 흘러내리던 손 위로
비의 눈빛이 자란다

서랍 속
당신 손때가 묻어 있는 모래시계가 누워 있다
모래알 속에는 낙타가 잠들어 있을까
낙타의 울음소리가 누운 채 출렁이고 있을까

긴 속 눈썹 속 그렁한 눈이 나를 되새김질할 것만 같아
창가에 기대 눈을 감는다

당신이 두고 간 시간이 부스스 몸을 일으키고
미처 빠져나가지 못한 낙타가 가늘게 실눈을 뜬다

비는 왜 내게 같은 시간을 반복하게 만들까
오래 걸어도 지치지 않는 낙타처럼 무뎌지라는 뜻일까
모래바람이 불어올 때면
눈을 좁혀 조금씩 속눈썹에 눈물을 흘려보내는

낙타처럼 견디라는 뜻일까

무게를 버리면 다른 한쪽이 무게가 되어 쌓이는 시간
조여진 허리 사이로 버석한 날들이 더디게 떨어진다

빗물이 화살처럼 쏟아지는 창밖으로 손을 뻗는다
앙상한 당신 등에 만져지던 뾰족한 뼈의 감촉으로
손등에 내려앉는 비

항아리 안에 한 줌 가루로 남은 당신이
차가운 빗물 되어 심장을 타고 들어온다

기억이
허한 가슴에 오아시스로 고인다

히치하이킹

그녀가 담을 넘고 있다
긁힌 얼굴은 피로 가득하다
햇살이 부신 창을 던져 허리를 찔러도
빗줄기가 축축한 손으로 머리채를 휘감아도
허공을 온몸으로 들어 올리며
입술을 깨문 채 넘고 있다
어디선가 Donde Voy가 흘러나온다

지나던 바람이 손을 내밀자
바람의 등을 타고 길을 나서는 그녀
붉은 몸을 펼쳐 단 한 번 날갯짓으로
추락을 가장한 비상을 한다
몸이 퍼즐 조각처럼 바닥에 흩어지고
그녀를 태운 발소리들이 멀어진다

담장엔 소문이 무성하게 가시를 세우고
떠나지 못한 장미들의 모의가 몽글몽글 피어난다
그녀는 지금쯤 누군가의 신발에 묻어
사사베* 국경을 건너고 있겠다

* 멕시코 소노라 주 사사베에 미국으로 입국하려는 멕시코 난민들을 차단하기 위해 설치한 거대한 미국 −멕시코 국경 장벽이 있다

민들레 담요

전깃줄 얼기설기 늘어선 막다른 골목
땅을 뚫고 올라온 민들레가
보도블록 사이에서 가늘게 떨고 있다

달빛 아래 희미하게 들썩이는 불 꺼진 옥탑방
헝클어진 머리를 벽에 기댄 채 쪼그려 앉은 그림자
고무줄 치마 걸친 여자의
헐렁한 몸을 어둠이 감싸 안는다

열 달을 두근두근 피던 꽃은 시들었는데, 담요 속
꽃은 시들지 않고

실핏줄 푸릇하게 붉어진 탱탱한 가슴을 쥐고
꽃 위에 여자가 모로 눕는다
보드랍고 보송한 솜털이
새끼 고양이처럼 얼굴에 감겨 온다

누운 채 손으로 꽃을 쓸면
스멀스멀 올라오는 초유 냄새

   티셔츠 앞섶을 적시는 따듯한 젖을 툭툭 받아 달게 삼키는 담요

   달의 축축한 목소리가 귓바퀴에 맴도는데
   비린 향기 주섬주섬 빨며 꽃잎이 웃는다
   갈래갈래 찢긴 꽃잎 속으로
   꺾인 울음을 집어넣는 여자

   노란 옹알이가 담요 가득 출렁인다

가을 화법

매미의 신음 잦아드는 그곳엔
태어날 울음들이 주렁주렁했다
산모를 태운 침대 바퀴 따라
분만실로 향하는 근심 어린 발자국처럼
만삭의 햇살이 그늘을 만드는 오후

만지면
따끔따끔한 울음이 손을 적신다
단단하게 익은 것들에서는
아릿한 눈물 냄새가 난다

없는 날개가 겨드랑이를 간질이거나
바람이 발가락을 꼼지락거릴 때마다
뾰족한 눈물방울이 땅을 향해 날개를 펼친다

누가 저 소리를
떨어진다 했는가
후드득 뒤꼍에 날아드는 열매의 비행
허공을 수직으로 날갯짓하는 알밤

〈
지구 위로
동그랗게 날아 앉는,
세상을 향한 열매의 첫울음이
톡 톡 가을 뒤란을 노크한다

다음 생의 너를 기억하다

툭
종이 상자가 뜯어진다
찢어진 옆구리 사이로
퍼즐을 조각조각 토해낸다

또박또박 잘라 가며
붙여도 붙여도 들뜨는 테이프
자꾸 돌려세워도 돌려지지 않던 너처럼
번들거리며 남는 자국

서로를 외면한 채 귀 막은 말들
상자 가득 쌓아 올렸지
뒤엉킨 조각들이
엉성하게 포개놓은 돌탑처럼 쌓이고
마음의 물무늬 사이로
쏟아지던 서로를 향한 거친 돌멩이들

상자의 정면과 측면을 돌려 본다
한 면엔 상품 정보가 박힌 바코드가 찍혀 있고

또 다른 면엔 담겼던 퍼즐 조각 사진이 박혀 있다

너의 면은 어떤 코드와 사진이었을까
간유리 너머 그림자처럼 멀게만 보이던 너
어둠 속에 켜켜이 쌓여 서로 맞춰지지 않던, 우리는
어떤 꿈을 꾸는 조각이었을까
너라는 상자의 이면이 손가락 사이로 빠져나간다

기억은 다음 생으로 우수수 떨어진다

메밀꽃이 피었습니다
-창문 일기

꽃은 삶의 가장자리에 피었다 지는 붉은 거품이었나

다트 놀이를 막 시작한 저녁이
하늘의 푸른 보드를 겨냥하고 한쪽 눈을 감는다
보드 위로 터져버린 태양이 피를 흘리고
사각으로 덜컹거리는 내 몸에 스미는 노을

적막과 적막 사이 그 짧은 간극으로 아픈 생의 이력이 지나가고 있다

그녀의 입에선 메밀꽃이 한창이다
하얀 꽃들 바글바글 터지고
탈곡기처럼 온몸이 흔들린다
마치 세상을 털어내듯

자작나무 끝 일렁이던 바람의 휘슬 타고
민들레 홀씨처럼 날아든 월문리
달의 입구에 누워 있는 푸른 눈의 여자
〈

입가에 떠도는 서늘한 웃음 사이로 뿌리내리지 못한 시간
붉은 멍울 잡혀 가늘게 흔들리는 외다리는
두고 온 바이칼호를 꿈꾸고 있을까
굳어 가는 그녀의 다리를 보며
나는 이미 다른 시간 속 노을을 채집하고 있다

메소밀*병이 거실에 누워 있고
허공이 누르고 있는 그녀의 껍질이
자장을 풀어내지 못한 이야기처럼 단단하게 굳어가고
푸른 입가, 꽃들이 흐드러지게 피고 있다

삶은 꽃의 안쪽에 피었다 지는 하얀 꿈이었나

* 농약

고구마밭에서 보는 무성영화

s#1. 고구마밭

까만 비닐 씌워진 밭에 모종을 심고 흙 돋우는 여자. 생각에 잠긴 듯 먼 하늘 바라보다 이랑에 호미 던져두고 고랑을 의자 삼아 움푹하게 앉는다

(Nar) 엔딩크레디트 화면처럼 바람에 뒤척이는 검은 밭을 보면 문득, 고구마 순처럼 딸려 오는 기억이 있습니다

s#2. 브릿지

맑게 갠 하늘 2~3초간 보인다
새털구름이 클로즈업되면 구름을 열고 소녀가 등장한다
하늘은 스크린이 되고 상영되는 흑백 영화
구름의 꽁무니를 따라 영사기 돌아가고 번지는 햇살 속 뿌옇게 떠다니는 영상

s#3. 부엌

채반 위에 널린 깡마른 고구마를 한 움큼 쥐고 부엌 나서는 소녀

s#4. 비탈길

볼록한 주머니 만지며 비탈길을 내달리는 소녀의 짧은 그림자가 골목 속으로 사라진다

s#5. 다시 부엌

채반 위 뒤적이다 고개를 갸웃거리는 엄마

얼마 남지 않은 삐딱한 고구마를 주섬주섬 솥에 넣고 기다란 나무 주걱으로

휘휘 젓는 손이 클로즈업된다 쪼글쪼글한 화상 흉터가 마른 꽃처럼 핀,

화면이 어두워진다(F.O)

화면이 지직거리고 나비 한 마리 허공을 접었다 편다

(Nar) 보리가 익어가던 봄까지 공복을 채워주던 거무튀튀한 죽,

매운 연기에도 죽이 눌을까 아궁이를 떠나지 못하던 엄마

s#6. 동네 일각

딱딱한 고구마를 주머니에 넣고

침으로 녹여가며 친구들과 진종일 뛰어다니는 소녀,
어둑해지는 골목에 아이들이 차례로 사라지자 비탈길을 오른다

s#7. 안방
빼떼기죽* 차려진 밥상에 둘러앉은 웃음꽃
엄마의 흰 머릿수건이 보이고, 누런 코 삼키며 숟가락 드는 동생이 보이고
까까머리 오빠의 하얀 이가 드러난다
소리는 들리지 않고 자막처럼 눈 속에 박히는 입술 입술들
소녀가 살며시 방문을 열고 들어와 수저 든다 꾸중 대신 죽 위에 고구마 줄기 김치를 올려주는 엄마의 손이 화면 가득 잡힌다
(Nar) 고구마밭에 앉을 때면 뭉근하게 가슴 데워주던 당신의 거친 손이 명치를 쿡쿡 찌릅니다

s#8. 몽타쥬
1. 말린 고구마를 찾는 엄마 모습

2. 아궁이에서 **빼떼기죽**을 쑤는 엄마의 손
3. 둘러앉아 **빼떼기죽**을 먹는 가족들의 환한 얼굴

s#9. 다시 고구마밭
느티나무 잎 그늘을 차고 날아온 휘파람새 소리에 무성영화가 멈추고 여자 호미를 쥔다
이랑에 덮인 검정 비닐이 엔딩크레디트 화면처럼 펄럭인다
펼쳐진 구멍 속에 기억의 이름을 쓰듯 고구마 순을 하나 하나 심는다

* 말린 고구마로 만든 죽

4부

압생트 한 컷

압생트* 한 컷

그때 여자는 해변에 밀려와 부서지는 파도였을까

가게 안은 무거운 정적으로 가득했을까

시든 시금치 같은 얼굴로
눈을 깔고 테이블을 보고 있는 여자

테이블 위엔 푸른 압생트 잔이 있고
그 옆에 앉아 검은 모자 쓰고 잘린 파이프를 물고
있는 털복숭이 남자
창밖을 보는 듯 먼 곳을 향하고 있는
끊어진 남자의 시선은 무엇을 묶고 있었을까

벨 에포크**시절 여자를 찌를 듯 날을 세운 우울
거울에는 뒷모습이 검게 비친다
손을 테이블 아래로 떨어뜨린 채 발을 벌린
탈진한 표정 속, 여자의 생각을 찾는다

삶이 고달파 아이를 누군가에게 맡기고 왔을까

초록 술 무연히 쳐다보며 아픔을 곱씹는 듯한
여자
애타는 심정은 압생트처럼 식도를 달구었겠다

가만히 여자의 곁에 다가가
헤식은 얼굴 다독이며 손을 꼭 잡아주고 싶은 날이다

* 에드가 드가의 그림, 압생트는 70도에 이르는 강한 도수의 술로 초록빛을 띠고 있다

** 벨 에포크(프랑스어: Belle Époque [bɛlepɔk],아름다운·좋은 시절)란주로 19세기 말부터 제1차 세계 대전 발발 (1914년)까지 프랑스가 사회, 경제, 기술, 정치적 발전으로 번성했던 시대를 일컫는다

바닥 칸타타

웅크린 몸을 펴봐
무엇을 묶어두고 싶었던 거니
손가락을 세 번 감고 손바닥마저 감았네

흐린 하늘을 향해 너를 보여봐
구름 실이 가닥가닥 풀어져 내리고 있어
비 오는 날엔 몸을 활짝 펴서 비밀의 실을 받는다지

바람은 뒹구는 이야기를 채집해서 구름 망태에 담는대
팽팽하게 찬 망태가 더 이상 부풀 수 없을 때 실을 뿌린대

너는 그 실을 받아 뼈에 돌돌 감은 거지
아이 때는 흐리던 마디가
어른이 되면 진하게 되는 건
멍든 사연을 많이 감아서라지

먼 길 떠나는 사람에게 너를 보이며 흔드는 건

품은 이야기를 한꺼번에 보여주는 거라지
면발처럼 부운 몸을
침대에 풀어 놓는 밤이 오면
흔들리며 살아왔던 푸른 날을 들여다본다지

구름 실이 축축하게 쏟아지고 있어
실을 당겨 다섯 가닥 실패에 감아봐
이젠 웅크리고 있는 너를 펴봐

박제된 봄
―입양아 제니

잔가지에 돋는 가녀린 바람에도
날개 달고 돋움질 하는 발끝

몸은 자꾸만 동쪽으로 기울지
실핏줄까지 당신을 향해 뻗어가는,
나는 비도 눈도 되지 못한 구름으로 묶여 서성이는 영원한 이방인

옆구리에서 빠져나간 발자국을 세워 놓고
길 잃은 게 조개처럼 푸른 눈빛 속을 떠돌지
어둠이 풍랑처럼 몰려오고
별빛은 파도 속에 휩쓸려 가물거리며 멀어지지

그 봄
영화관을 나오며 잃어버린 손
흐르는 인파에 묻혀 사라지던 당신의 뒷모습
놓친 걸까 놓아 버린 걸까
저녁이 엔딩크레디트 자막처럼 깔리고
가슴속 일렁이는 까만 파도를 쓸어내렸지

조개 속살 같은 입술만 들썩였지

조팝꽃 움푹움푹 눈망울 터트리는 봄
발아래 어둠이 우북하게 쌓이는 밤이 오면
멀어진 그 날을 꿈꾸지
꿈속에서도 내가 없는 나의 꿈
당신이 심어준 봄은 더 이상 자라지 않았지
언제쯤 나는 구름을 벗고 소나기로 울 수 있을까

서녘 하늘 적시는 나의 촉수는
아픔으로 저무는 동쪽을 향하지
구겨진 머릿속에 부스럭거리는 당신
덜컹거리는 구름 속에 입양된 계절

입동

부르튼 하루가
홑겹 이불 아래 경련처럼 들썩이는 밤

지하도 입구
붉은 다라 위로 쌓이던 어둠이
길게 누운 골목에 어루러기로 핀다

성난 바람의 고함에
바싹 여윈 오동잎 바스스 손바닥을 비비는데
종일 비빈 손바닥 닳는 소리처럼 부서지는데

주머니 속 이력서를 구겨 넣고
허방을 딛듯 갈 곳 없는 갈 곳을 헤매던 하루
복대동 자전거 수리점 뒤 PC 방에 한 통
우암동 동암파출소 근처 모퉁이 편의점에 한 통
용암동 국민 은행 앞 커피숍에 한 통
밀어 넣고 돌아서는 내 뺨에 고아원 뒤뜰 같은 바
람이 분다
〈

지친 하루를 등에 지고 돌아오는 저녁
흔들리는 관절 아래 꺾어졌다 펴지는 낡은 골목
대문을 밀고 들어서는 삐걱이는 소리가 정적을 깬다

몸보다 먼저 납작하게 누운 그림자에 몸을 포갠다
금 간 벽을 타고 방안으로 고여 드는 어둠 속에서
종일 찢긴 자존심을 껌뻑이며 꿰맨다
덮어도 덮어도 덮을 수 없는 가난의 냄새를 덮으며
실핏줄보다 가느다란 밥줄을 당긴다

낙지

내 몸은 침묵의 묘지
기억의 납골당

철 지난 파도리* 뿌연 창밖으로
투신하는 눈발을 보며
빛나는 칼 한 자루 집어 든다

활활 엉기는 환삼덩굴에 칼날을 댄다
죽어서도 삶을 놓지 못하는 몸이
접시 위에서 질긴 춤사위를 그린다

떨어지지 않는 춤을 포획해 입에 넣는다
살점은 소리 없이 씹히고
탁자 위에 놓인 소주병 안에 출렁이는 수평선
아득히 펼쳐진 줄 위에 당신이 비틀거리며 서 있다

수많은 칼날을 받아낸 도마 같은 당신
겨울은 몸안에서 소리 없는 소리를 훔쳐내고
춤을 놓지 않으려는

살점들이 입안 여기저기서 터질 때
아득한 수평선 아래 허우적거리는 당신이
검은 바다의 입속으로 가라앉는다

죽어가는 고요를 씹으며
당신을 명치 속 묘지에 매장한다

내 몸은 침묵의 묘지
기억의 납골당

눈발 날리는 횟집 창밖
눈 속에 엉겨
당신이 하얀 춤을 춘다

* 충남 태안 바닷가

死월

자정의 문이 열리고 연기가 피어난다
발효된 반죽처럼 파도가 술렁인다

푸르스름한 적막을 휘휘 젓자
떠오르는 수많은 얼굴
갈매기 소리를 따라가면 집으로 갈 수 있을까
맨발로 걸어 극지에 도달하면
가슴속 서러움을 꺼내 얼릴 수 있을까
얼마나 추워야 추위를 다 벗어날 수 있을까

웅크린 기억 속을 걷는다
방향을 찾는 내 목소리가 들리지 않는다
이름과 입술들을 찾아 헤매다
가로등 아래 길고양이의 눈빛과 마주친다

사거리 신호등 앞
여전히 펄럭이는 노란 리본 플래카드,
허공을 수직으로 걸어 17층 창가로 간다
책상 위에 놓인 사진 속 브이를 그리며 웃고 있는 나

그 옆 갈대처럼 서서 교복을 만지던 엄마가 창밖을 본다
웃으며 엄마 얼굴에 내 얼굴을 포갠다
나를 보는 그녀의 퀭한 눈 속엔 내가 없다

나는 또 자정의 문을 닫고
온기 하나 없는 파도의 심장 속을 걸어간다

골목의 젠가*

18층 탑을 차곡차곡 올린다

8층 왼쪽 나무 조각을 빼 위로 올린다
넘어질 듯 비틀거리며 버티는 젠가
흔들리며 올라오는 삼십 대 초반의 그녀
만리포 파도 다방에서 웃음 팔며 꽃가루로 떠돌던 날들
부표를 찍어 주었던 진통제 같은 남자의 쪽방이 보인다

16층 나무 조각을 힘없이 뽑아 올린다
쿨럭이며 올라오는 백발의 주름진 그녀
길게 누운 골목 막다른 집에 찾아온 사회복지사
반찬을 건네주며 저승꽃 가득 핀 손을 잡고 있다

6층 왼쪽 조각을 조심스럽게 빼서 올린다
이력서를 주머니에 넣고 나서는 이십 대 그녀
고개 떨군 그녀의 뒷모습에 정오의 햇살이 잘게 부서진다

〈

1층 가운데 나무 조각을 빼서 위로 올린다
아장아장한 걸음이 훅 올라온다
마당에 발 도장 찍는 초롱한 아기
봉숭아 채송화 패랭이꽃 가득한 곳
기어가는 개미 행렬에 눈 떼어주고 있다

10층 나무 조각을 뽑는다
순간 탑이 흔들린다
몽롱하게 돌아가는 후미진 골목 작은 방
불빛이 돌고 서랍이 돌고 벽에 걸어 놓은 옷이 돈다
휘청이며 쓰러지는 그녀 앞에 와르르 무너지는 탑
탑의 편린들이 흩어져 방바닥에 이리저리 뒹굴고
72살의 안경 너머로
야윈 숨소리 홀로 두근거린다

* 보드게임의 종류. 같은 사이즈인 직육면체의 조각을 쌓아 만든 탑에서 조각을 빼서 무너지지 않도록 다시 위로 쌓아가는 게임

정방사

어둠이 빛으로 물드는 새벽
청풍호 살갗 간지르는 햇살 보며 금수산을 오른다
거북 등껍질 닮은 배낭을 메고 고요하게

바람에 베인 구름의 살점이 창백하게 흩어진다

갈라지는 동쪽 하늘은
체온을 흔드는 하루의 시작
첩첩 산은 느린 걸음 소리에 맞춰
푸른 몸을 내준다

달려드는
산자락을 밟고 올라 굽어보니
겹겹이 둘러싸인 산은 겨울을 단단하게 품고 있다

발자국은 먼저 간 사람들이 새겨 놓은 지도일까
뾰족한 햇살의 다리가 파르르 떨려오는 솔가지 위
로 걸어간다
절벽에 서 있는 해수관음보살을 등지고

팔을 벌려 온몸에 바람을 통과시킨다

나는 바람으로 구워진 텅 빈 도넛

흔들리는 풍경 소리 따라
올려다본 처마 아래 유구필응$_{有求必應}$*이라는 편액이
눈에 길을 내고 걸어온다

허물어진 돌탑에 돌을 하나 올리며
응답도 없이 가슴에 쌓이는
허물 수 없는 당신을 생각한다

* 바라고 구하면 반드시 응답이 있다

쿠싱*

몸속에 달을 들였어

달이 나를 열고 들어와 살며시 불을 켜면
파랑새의 날갯짓 소리가 함박눈처럼 쏟아지지
아프지 않으려 아픔 속에 지새던 날
울대를 찢고 나가는 신음을 목 안으로 밀어 넣으며
날 수 있길 빌었지

바닥까지 내려가야 떠오르는 법
낮에도 그늘을 골라 숨어다니기를 반복했지

시간이 몇 방울 남지 않았어
나를 보면 하수구의 쥐 보듯
미간에 주름을 새기는 사람들
그들을 피해 밤이면 몸속 달을 꺼내 들고 나섰지
달은 빛을 불어 넣는 마약
한껏 부풀었을 때 몸은 절벽에 서 있었지

죽음은 내 안에 숨겨놓은 보물

빙글 돌며 날고 있어
달빛을 타고 올라가 다시는 내려오지 않을 거야
냇물처럼 흐르던 신음이 살을 찢고 나가
두둥실 두둥실 이젠 완벽한 달이 될거야

밤은 어두운 문장을 환한 달빛으로 써 내려가는 시간이지

* 쿠싱증후군 : 달덩이처럼 둥근 얼굴 모양을 보이고 목 뒤와 어깨에 피하지방이 과도하게 축적된다

지갑 마을

고동색 문을 열면
교회 종탑 흔들리는 소리가 들린다
마을 초입을 펼치는 새벽종 소리
반듯한 골목 양 끝으로 늘어선 집들이 나타나고
칸칸이 채워진 집이 부스스 눈을 비빈다
손끝으로 길을 더듬는다

첫 번째 집을 노크하자 붉은 카드가 나온다
현대 백화점이라고 써진 얇은 얼굴이
통증의 색으로 내 눈빛을 받는다
길 건넛집을 두드린다
찢긴 집에서 주민등록증이 딸려 나온다
웃고 있는 소녀의 앳된 얼굴에 청주시장 직인이 찍혀 있다

그 아래 삐죽 올라온 하얀 집을 더듬는다
각지게 접은 쪽지가 주춤거리며 올라온다
엄마! 오늘 열일곱 허물을 벗고 떠나
내가 바람이 되면 나를 괴롭히던 사람들은 행복하겠지

다음 생엔 좀 더 멋진 껍질을 입고 나타날게
 소녀의 눈물이 닿은 듯 얼룩진 쪽지가 흐릿하게 웃
고 있다

 짧은 집들을 다 뒤지고
 그 뒤 빌딩처럼 누워 있는 긴 집에 손가락을 넣는다

 구겨진 지폐 두 장이 자고 있다
 지폐만 꺼낸 후 마을을 닫는다
 똑딱이며 교회의 종소리가 닫힌다
 화장실 한 켠 쓰레기통 속으로 버려지는 마을

 버스에서 스친 소녀의 푹 눌러쓴 모자
 그 아래 설핏 비추던 젖은 눈빛이 살아온다

구두의 화법

구두~하고 입을 내밀면 두 · 두 · 두 소리가 들린다
경추를 세우고 앞섶의 끈을 꽉 조인 채
곧게 자란 아침을 걷는,

코팅된 미소를 품고 버스에 몸을 싣는다
밀착된 공간, 흔들리고 밟히며 다 놓치는 창밖의 풍경
코가 까지고 다리가 패여도 끈을 풀지 않는다
그저 발이 이끄는 대로 회사와 집을 계절처럼 오갈 뿐

잠시 긴장을 푸는 엘리베이터 앞
게시판에 붙은 모범 사원 글자 위로 사진이 반짝인다
구두들이 몰려오고 다시 몸을 가다듬지만
가끔은 늑골에 감추어진 탈주의 본능이
거대한 파도처럼 술렁인다

그런 밤이면 현관 타일 바닥에 넙치가 된다
 납작하게 엎드려 치솟는 지느러미를 식히고 차디찬 어둠을 빤다
 소파 아래 하품하던 발발이가 옆구리를 물어뜯으며

왈왈 속삭인다
 플레인토*야 발만 따라다니는 게 지겹지도 않니?
 대답이 없자 실룩샐룩 엉덩이를 보이며 돌아가는 발발이

 한 번도 집을 벗어난 적 없는 개 따윈 무섭지 않다
 다만 침묵을 물고 사는 발의 검은 입술이 두려울 뿐
 말없이 하는 말이 가장 강한 말임을 발은 언제부터 알고
있었을까

 다시 노을이 시들고 어둠이 새순을 틔우면
 떠나고 싶은 시간이 슬며시 등대처럼 켜진다
 더 이상 발을 보면 발발대는 구두가 아니다
 단단하게 세운 목을 구기고 앞섶의 끈을 풀어 헤친 채
 달빛 위를 말랑하게 헤엄치자
 구두~하고 입을 내밀고 가고 싶은 곳으로 헐렁하게 두~
두~두~

 * 앞코며 이음새 등에 아무 장식이 없는 심플한 스타일의 구두

시다

입은 있어도 설명하면 안 되는 냉가슴
박봉의 가느다란 밥줄에 매달려 사는 거미 다리
부패를 발효라고 에둘러 말할 줄 아는 비유의 방패

나는 시다

눈 뜨면 관성처럼 상념 속 말 공장으로 향하는 생각의 꼬리
다양한 색실로 말보다 더 빨리 말을 달리는 박음질
홀로 시큼함을 삼키면 가슴에 고인 설움이 빗물처럼 쏟아지는 자모

나는 시다

때로는 머릿속을 서성이는 검은 발자국
때로는 파도치는 분노의 불꽃
때로는 취객이 풍기는 위액의 맛

나는 시다

〈
생각을 허공에 널어 연기처럼 흩어지는 하루
잡히지 않는 말의 고삐를 쉬지 않고 따라가는 재봉질
썩은 세상을 향해 톡 쏘는 향

나는 시다

옛집

성성한 바람이
구멍 난 벽을 드나들며 수런거리고
마루 위를 부유하는 삐걱이던 그날이
먼지처럼 떨어지네
허물어져 가는 담장 모서리엔
듬성듬성 피어 째깍거리는 코스모스

오후의 햇살에
한 켠 방을 내어준 뜨락엔
게으른 쥐들이 느릿느릿 굴러와
지나간 영상을 널어놓고
깻단을 털며 지게를 매만지던
추수된 기억을 밀어 넣는 그 집

이리저리 뜯긴 세월이
감나무 아래 이끼 되어 쌓이고
그 위로 흔들리며 무너지는
비켜 간 시간의 아버지

■□ 해설

나비와 씨앗, 혹은 유한성과 영원성
― 김나비, 「나비질」의 시적 세계

황치복(문학평론가)

1. 기억, 삶의 터전이자 배경

김나비 시인은 첫시집 『오목한 기억』(고요아침, 2021)에서 기억이 지닌 삶의 의미와 환상을 통한 새로운 삶의 가능성을 타진하는 신선한 시적 세계를 선보인 바 있다. 이번 시집은 시인의 두 번째 시집인데, 여전히 기억의 문제가 시인의 의식에서 중요한 영역을 차지하고 있음을 보임과 동시에 시야를 내 이웃의 삶으로 넓혀서 소외된 삶에 대한 공감과 연민을 통해서 공동체적 삶의 가치를 확인하는 모습도 보여 주고 있다.

더욱 관심을 끄는 대목은 실존적 삶의 영역에 대한 관심인데, 시인은 이 시집에서 시간과 죽음의 문제에 주목하면서 유한한 존재로서의 실존적 인간이 추구할 수 있는 삶의 가능성과 가치에 대해 천착하는 모습을 보여 주고 있다. 시인의 두 번째 시집에서 시적 관심이 넓어지고 있으며, 또한 다양한 삶의 국면에 대한 시인의 시적 관심이 더욱 진지해지고 깊어지고 있는 장면을 목격할 수 있는 것은 독자로서는 기쁜 일이다. 시인의 시적 관심을 쫓아가면서 시인의 두 번째 시집이 펼쳐내는 시세계를 더듬어 본다.

시인은 '낙지'를 다룬 시편에서 "내 몸은 침묵의 묘지/ 기억의 납골당"(「낙지」)이라고 하면서 자신의 육체는 기억을 담고 있는 형식에 불과함을 선언하고 있다. 그러니까 자신의 몸이란 지나간 시간의 기억이 새겨지는 형상에 불과한 것이며, 삶의 궁극적인 체험이란 곧 수시로 발생하는 기억의 내용이라는 말이 된다. 기억이란 삶의 질료이자 결과이며 자신의 몸은 그러한 내용물을 함축하고 있는 담지체가 되는 셈이다. 또한 시인은 "죽어가는 고요를 씹으며/ 당신을 명치 속 묘지에 매장한다// 내 몸은 침묵의 묘지/ 기억의 납골당"(「낙지」)이라고 하면서 기억의 내용이란 곧 사랑하는 사람과의 관계에서 형성되는 정서적 생성물임을 강조하고 있기도 하다. 기억이 곧 삶의 내용물이며, 그 기억의 내용물이란 곧 사랑하는 사람에 대한 그리움이라는 이러한 도식은 시인의 시적 구도에서 기억이라는 영역이 매우 중요한 시적 제재가 될 수밖에 없는 필연성을 암시하고 있다. 다음 시는 한 사람의 한평생이란 것이 기억을 차곡차곡 쌓아 올리는 과정임을 여실히 보여 준다.

    18층 탑을 차곡차곡 올린다

    8층 왼쪽 나무 조각을 빼 위로 올린다
    넘어질 듯 비틀거리며 버티는 젠가
    흔들리며 올라오는 삼십 대 초반의 그녀
    만리포 파도 다방에서 웃음 팔며 꽃가루로 떠돌던 날들
    부표를 찍어 주었던 진통제 같은 남자의 쪽방이 보인다

    16층 나무 조각을 힘없이 뽑아 올린다
    쿨럭이며 올라오는 백발의 주름진 그녀
    길게 누운 골목 막다른 집에 찾아온 사회복지사
    반찬을 건네주며 저승꽃 가득 핀 손을 잡고 있다

    6층 왼쪽 조각을 조심스럽게 빼서 올린다
    이력서를 주머니에 넣고 나서는 이십 대 그녀

고개 떨군 그녀의 뒷모습에 정오의 햇살이 잘게 부서진다

1층 가운데 나무 조각을 빼서 위로 올린다
아장아장한 걸음이 훅 올라 온다
마당에 발 도장 찍는 초롱한 아기
봉숭아 채송화 패랭이꽃 가득한 곳
기어가는 개미 행렬에 눈 떼어주고 있다

10층 나무 조각을 뽑는다
순간 탑이 흔들린다
몽롱하게 돌아가는 후미진 골목 작은 방
불빛이 돌고 서랍이 돌고 벽에 걸어 놓은 옷이 돈다
휘청이며 쓰러지는 그녀 앞에 와르르 무너지는 탑
탑의 편린들이 흩어져 방바닥에 이리저리 뒹굴고
72살의 안경 너머로
야윈 숨소리 홀로 두근거린다

-「골목의 젠가」 전문

시적 구도를 보면 삶이란 18층의 조각을 쌓아서 탑을 만드는 과정이며 그 탑이란 실은 기억에 불과한 것이기에

삶이란 기억으로 쌓아 올린 탑이 된다. 1층은 어린아이 시절의 기억이 고스란히 보관되어 있는 곳이며, 18층은 72살이 된 시적 인물의 최근의 기억이 축적되고 있는 곳이다. 그런데 기억의 탑을 쌓은 과정으로서의 삶이란 고통스러운 추락과 전락의 과정이기도 하다. 어린아이 시절에 해당되는 1층의 기억만이 세상과 합일을 이루고 있으며, 그래서 어떠한 소외나 고통이 없이 완벽한 인생이 펼쳐지고 있다. "봉숭아 채송화 패랭이꽃 가득한 곳/ 기어가는 개미 행렬에 눈 떼어주고 있다"는 기억의 내용을 음미해보면, 어린아이 시절의 인생이란 만발한 꽃처럼 평화롭고 안락하기 그지없으며, 개미의 행렬에 눈길을 주는 것과 같이 삶과 세상에 대한 호기심으로 가득 찬 행복한 시절에 해당된다.

    그러나 시간이 지나 사회 속의 인간으로 살아가기 위해 투쟁하면서 인생은 고난에 가득 찬 일상이 된다. 청년기의 기억 내용이 펼쳐지고 있는 6층의 기억에서 "이력서를 주머니에 넣고 나서는 이십 대 그녀/ 고개 떨군 그녀의 뒷모습"이라는 표현에 주목해 보면, 취업 전선에 나서면서부터 시적 인물의 인생은 험난한 곤경에 처하게 되었음을 추론할 수 있다. 또한 성년의 기억을 담고 있는 8층의 기억 내용을 보면, "흔들리며 올라오는 삼십 대 초반의 그녀/ 만리포 파도 다방에서 웃음 팔며 꽃가루로 떠돌던 날들"이란 구절이 신산한 사회 활동의 면면을 암시한다. 특히 중년의 기억을 담고 있는 10층의 내용을 보면, "몽롱하게 돌아가는 후미진 골목 작은 방/ 불빛이 돌고 서랍이 돌고 벽에 걸어 놓은 옷이 돈다/ 휘청이며 쓰러지는 그녀 앞으로 와르르 무너지는 탑"이라는 표현이 어떤 불가항력적인 운명의 힘이 시적 인물의 인생에 덮쳐서 감당하기 어려운 시련을 강요했던 경험을 떠올리게 한다.

결국 노년이 된 시적 인물은 "길게 누운 골목 막다른 집에 찾아온 사회복지사/ 반찬을 건네주며 저승꽃 가득 핀 손을 잡고 있다"는 구절에서 알 수 있듯이 홀로 외로이 힘겨운 노년의 시절을 감당하며 살아가고 있다. 그러니까 인생이란 어린아이의 행복했던 시절(이러한 시기는 자크 라캉이 말하는 상상계의 시절이 될 것이다)에서 고통과 곤경의 나락으로 추락하는 과정일 뿐이며, 그러한 고통의 기억들을 쌓아 올리는 과정이기도 하다는 시적 메시지를 읽어 낼 수 있다. 그런데 기억은 고통스러운 삶의 기억 속에서도 '오아시스'와 같은 역할을 하는데, 그것은 그 기억 속에 사랑하는 사람에 대한 기억이 오롯이 녹아 있기 때문이다. 이 시에서는 인생의 힘든 시기에 해당되는 삼십 대에 "부표를 찍어 주었던 진통제 같은 남자의 쪽방이 보인다"는 구절에서 그러한 오아시스와 같은 기억을 발견할 수 있는데, 이러한 기억은 시적 인물이 신산한 삶의 과정을 지탱할 수 있는 자양분이 되었을 것이다.

　기억이란 과거의 시간이 함축하고 있는 내용물이다. 그러니까 기억은 이미 지나가버린 시간이 흔적처럼 남긴 유산이며, 따라서 현재의 시간에 복원할 수 없는 그림자와 같은 것이다. 사랑하는 사람에 대한 기억 또한 예외가 될 수 없는데, 그렇기 때문에 기억은 사랑하는 사람의 상실을 전제하고 있다. 시인이 「모래시계」에서 사랑하는 사람에 대한 기억을 노래하면서 기억에 몰두하는 자신의 모습을 모래사막의 낙타에 비유하는 것은 상실로 점철된 삭막한 현재를 살아가야 하는 현실을 대변해준다. 시인이 "빗소리를 심고 물을 주면 당신이 푸르게 돌아올까"(「모래시계」)라고 하면서 사랑하는 사람의 죽음을 돌이키려 하는 소망은 따라서 심리적 회한의 다른 표현일 뿐이다. 그러나 시인은 "항아리 안에 한 줌 가루로 남은 당신이/ 차가운 빗물 되어 심장을 타고 들어온다//기억이/ 허한 가슴에 오아시스로 고인다"라고 하면서 극적인 전환을 꾀하는데, 그것은 기억이 가지고 있는 '오아시스'와 같은 힘에 의존하기 때문에 가능해진 것이다. 기억은 상실을 전제하면서도 그것을 현재의 시간에 흔적으로 가져와서 부재의 현실을 버티게 하는 힘으로 작동하는 것이다.

상실과 부재의 현실을 생생하게 증언하면서도 신산한 삶을 버티게 해주는 자양분으로 기능하는 역설적 기제인 기억은 과거의 아름다운 것들에서 삶의 가치를 발견하려는 시인에게 매우 중요한 시적 제재임에 틀림없다. 시인에게 다른 세계로 통하는 문이기도 하고, 그리운 사람이 "문을 열고 들어올 것 같"(「아껴 접는 밤」)은 새로운 경험의 지평이기도 하다. 그래서 시인은 "기억을 아껴 접다가/ 접히지 않는 시간은 어둠 속에 묻기로 해요/ 밤새 접은 파란 심장을 꿈속에 두고 오죠/ 펴고 접고 또 펼친 헐렁해진 종이로/ 새로운 대문을 접을 수 있을까요/ 삐거덕 누군가 문을 열고 들어올 것 같아요"(「아껴 접는 밤」)라고 하면서 기억이 꿈과 환상의 세계로 통하는 문이기도 하며, 그리운 사람이 그 문을 통해 자신에게 찾아오는 통로가 되기도 하다는 사실을 강하게 암시한다. 기억은 여전히 시인에게 삶의 바탕이자 근거이기도 한 셈이다.

2. 어머니, 영원한 존재의 고향

존재의 근거이자 삶의 토대이기도 한 기억이 다른 세계에서 불러오고자 하는 사람은 바로 어머니이다. 이번 시집에서 자주 되풀이되곤 하는 어머니에 대한 기억은 어머니의 부재로 인한 상실감과 함께 그녀로 인해 힘겨운 나날의 삶을 버텨낼 수 있다는 심리적 동인이 함축되어 있다. 물론 과거의 기억 속에 아버지의 존재가 없는 것은 아니다. 예컨대 시인은 「옛집」이라는 시에서 "이리저리 뜯긴 세월이/ 감나무 아래 이끼 되어 쌓이고/ 그 위로 흔들리며 무너지는/ 비켜 간 시간의 아버지"(「옛집」)라고 하면서 옛집에 어려있는 아버지의 흔적을 더듬어보기도 한다. 그러나 "다대포에 가면 재첩국처럼 뽀얀 기억이/ 모래톱 위에 반짝이지// 싱싱한 재첩을 솥에 넣고/ 보글보글 새벽을 끓이던 어머니"(「다대포의 시간」)와 같은 표현에서 알 수 있듯이 이번 시집의 시편에는 어머니에 대한 기억이 윤슬처럼 반짝이고 있다. 다음 시에서 알 수 있듯이 어머니는 언제나 존재의 근원에 대한 감각을 불러오기 때문이다.

손가락 사이, 물방울 모양 물집이 올라왔다

투명한 돔을 만지자
부푼 막 속으로 팔이 들어가고
어깨가 들어가고 몸이 쑥 딸려 들어간다
안온한 태막이 나를 감싼다

고요가 출렁이는 양수 속
반투명한 옆구리에 설핏 비치는 늑골,
붉은 얼굴에 까마중 같은 눈을 달고
거꾸로 매달려 둥글게 손가락을 빨면
탯줄 타고 스며오는 당신 목소리
봄볕 되어 두런두런 등을 쓸어 준다

언제부터인가 손가락 사이엔 당신의 뿌리가 자라고 있다
몸에 혈류처럼 흐르는 당신을 닮은 피부
짜내면 짜낼수록 멍울로 번져가는 야윈 뒷모습
잘라낼 수 없는 인연의 포자가 곳곳에 발아한다

혼자 견뎌야 하는 밤을 남겨두고
내 생의 바깥으로 등불을 들고 떠난 당신
별들이 외로운 운항을 하는 날이면

내게로 와 밤새 푸르게 뒤척이는,

　　패각 같은 손톱으로 물방울을 누르고 또 누른다

　　툭 터지는 물집 사이로 울컥 쏟아지는 나
　　검은 창에 비치는 얼굴에 손가락을 뻗어 더듬는다
　　내 얼굴 위로 겹치는 박꽃 같은 얼굴

　　그리움으로 피는 야윈 밤
　　물방울 자라는 소리가 푸르게 손가락을 건넌다
　　　　　　　　　　　　　－「물방울 키우는 여자」 전문

　손가락 사이에 생긴 물집을 양수 가득 찬 어머니의 자궁으로 여기고, 그 속으로 들어가서 태아가 되어보는 시적 화자의 자의식은 시인의 의식이 어머니에 대한 그리움으로 충만해 있다는 것을 알려준다. 이러한 의식은 정신분석학에서 말하는 일종의 퇴행(regression)에 해당되는데, 시적 화자가 퇴행 의식을 보이는 것은 그만큼 어머니와 합일되어 있었던 지난 시절에 대한 그리움과 회귀의 욕망에 사로잡혀 있다는 것을 의미한다. 따라서 "어깨가 들어가고 몸이 쑥 딸려 들어간다/ 안온한 태막이 나를 감싼다"라는 표현은 어머니와 한 몸이 되고 싶다는 것, 그리고 세상 어떠한 불화와 갈등도 없는 '안온한 태막'과 같은 세상에 거처하고 싶다는 욕망을 함축하고 있는 셈이다. "탯줄 타고 스며오는 당신 목소리/ 봄볕 되어 두런두런 등을 쓸어 준다"는 표현 역시 삭막한 현실을 살아갈 수 있는 따뜻한 위로와 위안을 어머니로부터 얻고 싶다는 시적 화자의 강렬한 욕망이 담겨 있다.

그러나 이미 어머니는 내 곁을 떠나 다른 세상에 가 계시다. "혼자 견뎌야 하는 밤을 남겨두고/ 내 생의 바깥으로 등불을 들고 떠난 당신"이라는 표현이 그러한 사정을 함축하고 있다. 따라서 어머니에 대한 기억은 어머니의 부재를 기정사실화 하여 현실의 초라함을 부각하면서 또한 충만했던 과거의 현재화를 통해서 그러한 초라한 현실을 극복할 수 있는 에너지를 제공하기도 한다는 것을 알 수 있다. "그리움으로 피는 야윈 밤"이라는 역설적 표현이 이러한 심리적 메커니즘을 시사하고 있다. 어머니가 없는 이승의 밤은 고독하고 외로운 것이기에 '야윈 밤'이라고 할 수 있는데, 그처럼 허전하고 초라한 밤일지라도 어머니에 대한 기억이 있기에 '그리움으로' 피어나는 밤이 될 수 있다. 그러니까

"그리움으로 피는 야윈 밤"은 기억이 지닌 부재의 공허함과 기억이 지닌 이미지의 현현이 지닌 충만함을 동시에 표현해 주고 있는 것이다. "내 얼굴 위로 겹치는 박꽃 같은 얼굴"이 라는 표현은 기억의 환기 능력을 통해서 기억 속의 어머니 와 현실의 화자가 합일을 이루는 장면을 묘사해주고 있다.

시의 마지막을 장식하고 있는 "물방울 자라는 소리가 푸르게 손가락을 건넌다"라는 표현은 기억 속에서 재생되 는 어머니의 이미지가 언제나 시적 화자와 함께 하고 있음 을 알려주고 있으며, 그러한 기억의 활동이 자신의 삶에 역 동성을 부여하고 있음을 의미한다. "언제부터인가 손가락 사이엔 당신의 뿌리가 자라고 있다"라는 표현에서 알 수 있듯이 물집의 물방울이란 바로 어머니를 대리하는 이미 지로서의 표상인데, 그 이미지가 자신의 삶과 함께 생성되 고 성장하는 모습을 보이고 있다. 어머니의 이미지는 자신 의 삶 속에서 여전히 현실적 힘을 지니고 자신의 삶에 영향 력을 행사하면서 꿈틀거리는 생명력으로 작동하고 있는 것 이다. 물방울, 혹은 물집이라는 것이 좀더 구체적으로 어머 니의 자궁, 혹은 자궁 속의 양수를 의미한다는 것을 상기 해 보면, 어머니는 근원적인 힘으로 작동하면서 여전히 시 적 화자의 삶에 근거와 토대를 제공하고 있는 셈이다. 어머니에 대한 기억을 다루고 있는 표제시인 다음 작품도 기억의 근원적 힘에 대해 노래하고 있다.

팥을 쥐면, 차르르 차르르 파도 소리 들린다

흰 수건 머리에 두르고
바다색 방수포 위에 쪼그려 앉은 당신
빛바랜 스웨터에 헤진 몸빼가 바람을 등지고 있다

누렇게 마른 더미를 두들기면
구부러진 등을 따라 촘촘히 박히는 햇살
굽어 비틀린 손가락으로 잔가지와 꼬투리 걷어내고
검불에 뒤범벅된 알갱이를 쓸어 키에 담는다

하늘 향해 키를 올렸다 내리면
차르르 차르르 착차르르
파도 소리 내며 날갯짓하는 팥알들
당신의 붉은 바다가 키 안에서 출렁인다

키내림을 하면서

불어올 겨울을 홀로 준비했을 당신
헐렁한 옷 속을 파고드는 맵찬 갈바람 견디며
팥알처럼 단단히 여물어 갈 아이들 날개를 키웠으리
거친 해일처럼 불어오는 설움을
바람에 쭉정이 까부르듯 날렸으리

차르르 차르르 착차르르 티껍지가 날아가고
팥이 키 안쪽으로 튼실하게 쌓이면
눈물 같은 알갱이 그러모아
함지에 차곡차곡 담던 당신

마당 한 켠 바람이 불 때마다
아득한 물결 되어 명치에 쌓이던 소리, 소리들

팥 쥔 손을 펴면, 웅크리고 앉은 키질 소리가 차르르
펼쳐지고
어머니의 굵은 주름이 햇살에 풀어진다

차르르 차르르 착 차르르

            -「나비질」전문

'나비질'의 사전적 의미는 곡식의 검부러기, 먼지 따위를 날리려고 키를 나비 날개 치듯이 부쳐서 바람을 일으키는 일을 지칭한다. 그러니까 나비질의 목적은 쓸모없는 껍질들을 바람에 날려 보내고 필요한 알곡만을 남겨서 거두려는 것이다. 그런데 '나비질'이라는 어휘는 그러한 키질이 비상을 위한 나비의 날갯짓을 연상하는데, 실제로 시적 구도에서도 그것은 "파도 소리 내며 날갯짓하는 팥알들"이라는 표현을 통해 실현되고 있다. 여기서 팥알들은 "팥알처럼 단단히 여물어 갈 아이들 날개"라는 표현에서 알 수 있듯이 어머니의 자식들을 비유하는데, 그렇다고 보면 어머니의 나비질은 자식들이 비상할 수 있는 날개를 만들어주기 위한 작업임을 알 수 있다. 어머니의 나비질은 자식들이 팥알처럼 단단히 여물어 자신의 힘으로 힘찬 날갯짓을 할 수 있는 나비를 만드는 과정, 즉 번데기에서 힘차게 비상하는 나비가 되는 탈피를 준비하는 과정이기도 한 셈이다.

또한 어머니의 나비질은 "팥을 쥐면, 차르르 차르르 파도 소리 들린다"는 표현에서 알 수 있듯이, 바다의 물결, 그리고 파도 소리를 일으키는 과정이기도 하다. 어머니는 "바다색 방수포 위에 쪼그려 앉"아서 키질하는데, 그 키질은 "당신의 붉은 바다가 키 안에서 출렁인다"는 구절처럼 바다의 밀물과 썰물을 일으키는 과정이기도 하다. 바다의 밀물과 썰물이란 물론 달의 인력에 의해서 생성되는 것인데, 어머니는 키질을 통해서 그러한 바다의 밀물과 썰물을 일으키고 있는 것이다. 바다의 밀물과 썰물이란 세상의 리듬이기도 하고, 생명의 리듬이기도 하다. 밀려왔다 밀려가는 물결의 순환은 차고 기우는 달의 변화 과정을 함축하기도 하고, 들숨과 날숨의 반복을 암시하기도 한다. 그것은 곧 생명의 생성과 지속, 그리고 순환의 과정을 표상하고 있는 것이다.

더욱 중요한 것은 어머니의 나비질이 실은 시적 화자에게 어머니에 대한 기억을 소리를 통해서 떠오르게 한다는 점이다. "마당 한 켠 바람이 불 때마다/ 아득한 물결 되어 명치에 쌓이는 소리, 소리들"이라는 표현이 어머니의 나비질이 소리를 통해서 시적 화자의 기억에 소환되는 장면을 연상시키고 있다. 또한 "팥 쥔 손을 펴면, 웅크리고 앉은 키질 소리가 차르르 펼쳐지고"라는 묘사 또한 키질 소리가 매개가 되어 시적 화자에게 어머니에 대한 기억을 환기시키고 있음을 보여 준다. 물론 시적 화자에게 소환된 어머니의 기억은 자식들의 비상을 위해 헌신했던 어머니로서 생명의 근원적 온기를 지니고 있다. 따라서 이렇게 소환된 어머니가 시적 화자의 삶에 생명의 근원적인 에너지를 제공할 것이라는 사실을 쉽게 미루어 짐작할 수 있다.

3. 시간과 죽음의 문제

기억의 문제와 함께 김나비 시인의 이번 시집에서 가장 주목되는 현상은 시간에 대한 강박관념과 죽음에 대한 다양한 사유를 발견할 수 있다는 것이다. 앞서 언급한 「골목의 젠가」라든가 「모래시계」라는 작품에서는 기억이 주된 모티프로서 활용되고 있었지만, 그 속에는 시인의 시간에 대한 관심과 열정이 숨어 있었다. 시인의 시간 의식 속에는 기억의 문제와 죽음의 문제가 함께 어우러져 독특한 분위기를 자아내고 있는데, 이러한 시적 모티프는 물론 실존적 삶의 유한성에 대한 인식이 자리 잡고 있다. 시간의 흐름은 생명의 단축을 야기하고, 시인은 그러한 현실에 직면해서 생명을 지키기 위한 다양한 시적 전략들을 수립할 수밖에 없는 것이다. 그러하기에 유한성을 영원성으로 바꾸는 불가능한 꿈에 대한 시적 대응이 주목될 수밖에 없는데, 시인은 예술에서 그러한 가능성의 일단을 찾고자 하는 것처럼 보인다. 먼저 시간 의식에 대한 모습부터 살펴보자.

시간을 빌려 달라며 주먹만 한 다이아몬드를 내미는 노파
반짝임은 나를 갈아입을 기회
구겨진 뇌 속에 스멀스멀 붉은 싹이 돋는다
잠으로 지워지는 시간 따윈 줄 수 있다고 여짓대며 말하자
뱀 같은 손으로 내 손을 잡는 노파

노파의 목걸이가 빠르게 충전되고 나비가 파닥인다
40년 24시간 30분 00초
숫자가 찍히는 목걸이
졸음이 밀려오고 젖은 짚단처럼 스르르 잠속으로 빨려드는 나

얼마나 시간이 흘렀을까
햇살이 눈두덩을 붉게 물들고 병뚜껑 따듯 눈을 뜬다
거미줄이 여기저기 걸려있는 먼지 수북한 방안
삐걱거리는 창문을 열자 담쟁이가 지붕 끝까지 닿아 있다
버석한 입술, 목을 찌르는 갈증

곰팡이 핀 방문을 열자 문틀에서 우수수 떨어지는 시멘트 가루

한쪽 벽이 무너져 내려 바람이 드나들고 있는 거실을 지나
싱크대에 가서 컵을 든다
수십 개의 발로 우르르 달아나는 컵 속의 노래기
수돗물에서 녹 찌꺼기가 흘러나오고
천정에선 거미가 훅 내려온다

욕실 거울의 찌든 때를 손으로 지운다
유리 속에서 노파가 웃고 있다
깜짝 놀라 뒤를 돌아보자
조직적으로 노려보는 찌든 타일 타일들뿐,

나뭇등걸이 된 손으로 얼굴을 만진다
손바닥 가득 들어오는 쭈글거리는 살갗
순간, 창문이 덜컹거리고
웃으며 서 있는 검은 망토 입은 여자가 눈에 익은 나비 목걸
이를 걸고 있다
통통하게 살 오른 볼에 윤기 나는 머리 흩날리며,

시간을 돌려달라고 하자
버리는 것을 가져간 것뿐이라며 어둠 속으로 사라진다

먼지처럼 풀썩 주저앉아 먼 하늘을 바라보는 나

목에 걸린 날비의 날개가 파득 거린다

목걸이에 숫자가 빠르게 줄고 있다

00년 00시간 05분 60초.

00시간 05분 59초.

05분 58초.

57초.

6초.

― 「시간의 얼굴」 부분

  환상을 통한 새로운 세계의 가능성을 타진하는 것은 김나비 시인의 시적 문법에서 생소한 것이 아니다. 시인은 첫 시집에서부터 환상을 이용해서 현실에서는 불가능한 새로운 삶의 가능성을 꿈꾸었다. 이 시에서도 그러한 판타지가 활용되고 있는데, 저 독일의 문호 괴테가 파우스트 박사의 전설을 토대로 썼다는 『파우스트』의 서사가 패러디되고 있다. 신학, 철학, 법학, 의학 등 여러 학문을 통하여 우주의 지배원리를 깨닫지만, 백발의 노인이 된 후, 이러한 학문들의 부질없음에 회의를 느끼고 목숨을 끊으려 하는 파우스트, 그리고 앞에 나타난 악마 메피스토의 제안에 의해서 젊음을 얻기 위해 영혼을 판다는 서사가 전도되어 활용되고 있는 것이다.

구체적으로 이 시에서는 "시간을 잃어버려 꼼짝없이 갇히게 되었다는 노파"가 다이아몬드를 주며 시간을 빌려달라는 제안을 수락한 시적 화자의 운명이 그려지고 있는데, 다이아몬드를 보면서 "반짝임은 나를 갈아입을 기회"라고 생각하여 그 제안을 받아들인 시적 화자의 생각이 모든 시간을 갉아먹게 된다. 이러한 대목은 매우 상징적인데, "다이아몬드"와 "반짝임"이라는 시어가 자신을 빛나게 하고 싶은 인간의 일반적인 욕망을 대변해주고 있기 때문이다. 그 이후 발생하는 사건들, 즉 시적 화자가 잠에 빠져든다거나 잠에서 깨어나 보니 모든 환경과 자신의 육신이 노화를 경험하고 있었다는 설정 또한 매우 상징적인데, 시간의 탕진과 함께 모든 생명력이 고갈되는 현상을 목격할 수 있기 때문이다. "거미줄이 여기저기 걸려있는 먼지 수북한 방안"이라든가 "삐걱거리는 창문", 그리고 "버석한 입술"이라든가 "한쪽 벽이 무너져 내린" 거실 등은 시간의 파괴적인 힘을 대변하고 있다. 또한 "유리 속에서" 웃고 있는 "노파", "나뭇등걸이 된 손", "손바닥 가득 들어오는 쭈글거리는 살갗" 등의 표현들은 시적 화자가 시간을 탕진해서 되돌이킬 수 없는 상황으로 전락해 있음을 알려주고 있다.

그런데 이러한 시간의 교환을 통한 파국이 결국 "나를 갈아입을 기회"라는 표현 속에 함축되어 있는 거듭나고 싶은 욕망에서 초래되고 있다는 점에 주목할 필요가 있다. 시적 화자는 자신의 갱신하고자 하는 욕망 때문에 시간을 팔고서 이러한 거래를 성사시켰던 것이다. 이 시에는 시적 화자의 갱신의 욕망만이 있는 것은 아니다. 파우스트 박사의 욕망과 유사한 노파의 젊음에 대한 욕망이 있는데, 그녀 또한 시간을 충전해서 살아갈 날을 늘임으로서 청춘을 회복하고 싶은 욕망을 간직하고 있다. 노파의 이러한 욕망은 '나비'라는 상징을 통해서 응축되어 있다. 노파는 "나비 디지털 시계를 목에 걸"고 있는데, 시적 화자의 손을 잡자 "노파의 목걸이가 빠르게 충전되고 나비가 파닥이"며 살아나게 된다. 나비는 애벌레와 같은 상태에서 탈피를 하여 비상을 감행하게 된 것이다.

「시간의 얼굴」과 유사한 구조를 지닌 시인 「링」에서도 시인은 회춘을 향한 욕망을 나비를 통해서 표현한 바 있다. *"너의 불행은 불가능한 시를 쓰는 것에서 시작했어. 욕*

망에 가득 찬 몽상은 너를 흔들어댔지."*라는 노파의 구절을 통해서 시적 화자가 회춘이라는 불가능한 꿈을 가지고 있음을 고백하고 있는 이 시편에서 시인은 2066년 노파가 되었으면서도 "그때, 거실 가득 울려 퍼지는 벨 소리. 사진 속 전화기에서 흘러나오는 윤도현 밴드의 붉은 노래./ ***난 아주 작은 애벌레. 살이 터져 허물 벗어~~***"(「링」)라는 환청을 듣는다. 여기서 인용되고 있는 윤도현 밴드의 노래는 "나는 나비"라는 노래로서 다음 대목에서 "나는 상처 많은 번데기", "봄바람이 불어오면 이젠 나의 꿈을 찾아 날아 날개를 활짝 펴고 세상을 자유롭게 날거야"라는 가사가 이어진다. 그러니까 김나비 시인의 시편에서 나비란 존재의 갱신과 거듭남의 상징으로 활용되고 있는 셈이며, 시인의 어떤 근원적인 욕망을 함축하고 있기도 하다. 그 욕망이란 바로 죽음을 가리키는 시간의 얼굴에서 벗어나 영원성을 획득하고자 하는 욕망이기도 한데, 나비와 함께 '씨앗'이 그러한 역할을 담당하기도 한다.

산길을 오르는데

눈가를 감아 도는 검은 씨

손부채를 만들어 쫓아 버린다

날려도, 날려 보내도 다시 날아와

앞을 휘감고 도는 질긴 군무에 발이 묶인다

당신과 걷던 길에 어지러이 날고 있는 씨

조심조심 양손 들어 손뼉을 치려는데

갑자기 환영처럼 당신의 목소리가 들린다

잘 지내요, 울지 말고

울지 말라는 말에 눈에 고이는 물

허공에 떠 있는 손을 맥없이 떨어뜨린다

수십 마리의 씨앗들이 눈앞을 맴돈다

목소리가 문장이 되고 문장이 다시 수백 마리 씨앗 되어 맴돈다

잘 지내요. 잘 지내. 잘 지. 잘. 자. ㅈ. …

하늘 가득 날고 있는 글자들, 그중 하나가

눈 속을 파고든다

눈에 들어갔는데 왜 명치가 아플까

두 손을 모아 따끔거리는 가슴에 올리고

손가락에 힘을 주어 꾹꾹 누른다

> 잘 이라는 글자를 잡아 입속에 넣는다
> 지내요 라는 글자를 꼭꼭 씹어 목 안에 삼킨다
> 당신의 목소리가 점점 커져
> 검은 메아리로 허공 가득 울린다
> 잘 지내요. 잘 지내. 잘 지. 잘. 자. ㅈ. …
>
> 어느새 당신이 누워 있는 푸른 무덤 앞이다
>
> — 「날파리」 전문

　시적 구도에 의하면 시적 화자가 눈앞에서 보고 있는 날파리는 하나의 씨앗이며, 그 씨앗이란 이제는 이승에 없는 사랑하는 사람의 "잘 지내요, 울지 말고"라는 목소리가 응결된 것이다. 그러니까 시적 화자가 눈앞에서 보고 있는 '날파리'라는 벌레는 사랑하는 사람의 목소리라는 번데기가 탈피하여 비상한 존재이며, 그러한 점에서 사랑하는 사람의 분신이자 화신이기도 하다. "당신과 걷던 길에 어지러이 날고 있는 씨"라든가 "수십 마리의 씨앗이 눈앞을 맴돈다"는 구절, 그리고 "목소리가 문장이 되고 문장이 다시 수백 마리 씨앗 되어 맴돈다"는 구절들이 그러한 시적 논리를 시사해주고 있다.

시인은 「가을 화법」이라는 시에서도 가을날 여문 알밤이라는 열매를 보면서 "태어날 울음들이 주렁주렁했다/ 산모를 태운 침대 바퀴 따라 분만실로 향하는 근심 어린 발자국처럼/ 만삭의 햇살이 그늘을 만드는 오후"라고 하면서 열매를 새로운 생명의 출산으로 해석하고 있다. 그러니까 가을날의 열매란 곧 씨앗이라고 할 있을 터인데 그것을 죽음이 아니라 새로운 생명의 탄생과 연결하고 있는 것이다. 더구나 시인은 그러한 열매의 탄생을 비상의 날갯짓으로 해석하기도 한다. 즉 시인은 "누가 저 소리를/ 떨어진다 했는가/ 후드득 뒤꼍에 날아드는 열매의 비행/ 허공을 수직으로 날갯짓하는 알밤"이라고 하면서 알밤의 떨어짐을 하강과 곤두박질이 아니라 상승의 날갯짓으로 해석하고 있는 것이다. 이어지는 마지막 구절에서도 시인은 "동그랗게 날아 앉는,/ 세상을 향한 열매의 첫울음이/ 톡 톡 가을 뒤란을 노크한다"라고 하면서 열매의 강하는 비상의 날갯짓이며, 새로운 생명의 탄생과 같은 사건임을 표나게 강조하고 있다.

이러한 대목에서 우리는 어머니가 팥알을 고르는 키질을 나비질이라고 하면서 그것이 비상의 날갯짓이라고 해석했던 대목을 연상할 수도 있다. 그리고「시간의 얼굴」이나「링」에서 나비의 상징을 통해서 존재의 갱신과 거듭남의 사건을 나비의 날갯짓으로 해석했던 장면을 떠올릴 수 있다. 시인의 이러한 나비와 날갯짓에 대한 관심과 열정은 바로 새로운 존재로 거듭나고자 하는 열망과 유한성을 극복하고자 하는 실존적 관심의 산물로 해석할 수 있다. 그리고 '씨앗'은 그러한 나비의 날갯짓을 잠재적으로 함축하고 있는 '번데기'와 같은 것으로 해석할 수도 있을 것이다.

4. 예술, 유한한 시간성의 극복

그런데 비유적인 차원에서 나비라든가 씨앗이 상징하고 있는 유한성의 극복으로서의 갱신과 영원성의 획득이라는 차원에서 벗어나 실질적으로 시인에게 그러한 역할을 할 수 있는 것은 어떤 것일까 생각해 볼 필요가 있다. 그것은 시인이 추구하는 과거의 기억, 그리운 어머니와 사랑하는 사람들에 대한 기억을 함축하고 있어야 하며, 존재의 갱신을 가능케 하고, 유한한 시간성을 극복할 수 있는 메커니즘을 지니고 있어야 한다. 그러니까 시인이 구축한 나비 같은 것, 혹은 씨앗 같은 것이어야 할 텐데, 시인에게 그러한 것이란 곧 시인이 쓰는 시, 혹은 예술만이 유일할 것이다.

시인은 부화 직전에는 눈이 있었으나 성장하면서 눈이 피부 속으로 들어가 앞을 전혀 볼 수 없게 되는, 멕시코 동굴에 사는 물고기인 '카라신'을 제재로 해서 아름다움의 휘발성을 이야기하고 있다. 즉 *"애야~ 아름다운 건 세상에 닿으면 녹아버린단다"* 라고 하거나 또는 *"커튼을 내리거라 / 희미한 세상을 꺼라/ 네가 다 녹기 전에"*(「카라신」)이라고 하면서 심미적 가치를 향한 살신성인의 정신을 노래하고 있다. 실명의 위험성을 무릅쓰고라도 흉터에서 피어난 꽃으로서의 아름다운 꽃이 지닌 심미적 가치를 옹호하고자 하는 예술적 열정을 노래하고 있는 것이다. 예술이 과거의 기억의 세계를 함축하고 있으며, 영원성과 통할 수 있음은 다음 시가 잘 보여주고 있다.

노란 패딩 입은 아이가 꼬리연을 날리는 무심천 변. 바이올린 현 같은 여자가 아이를 말없이 바라보고 있다. 아이의 표정 속엔 어린 그녀의 얼굴이 살고 있다. 얼레를 풀자 연을 따라 서서히 뒤로 흐르는 시간. 연이 하늘 멀리 날아갈수록 그녀의 키가 점점 줄어든다.

〈

　뭉크의 그림 같았던 그녀의 어린 시절. 어두운 놀이터, 홀로 흔들리던 빈 그네 같은 날들이 출렁인다. 팔꿈치 닳은 빨간 스웨터 걸치고 땟국 묻은 손으로 연을 날리고 돌아온 날이면 고아원 뒤뜰에 새겨지던 검은 발자국.

　눈 위를 넘보던 늙은 바람이 창틀로 넘어와 그녀의 몸을 물어뜯곤 했다. 선홍빛 꽃이 떨어져 이불 적시던 밤, 명치에 꿈틀거리던 아픔 도려내 체관에 차곡차곡 쌓아 자물쇠를 채운 그녀. 얼레를 감았다 풀 때마다 수목한계선의 어린 그녀가 다가왔다 멀어진다.

　툭
　끊어지는 연줄,
　　　　꼬리를 흔들며
　　　　　　울룩불룩한
　　　　　　　　기억 속 극지로
　　　　　　　　　　날아가 박힌다

　　　　　　　　　　　　　그곳엔

온몸에 옹이 박으며

자라는 어린 그녀가,

무릎 꿇은 채

눈보라 속에

바이올린을

켜고

있

다.

— 「무릎 꿇은 나무」 전문

    시인의 설명에 따르면 로키산맥 해발 3천 미터의 수목한 계선 지대에서 자라는 무릎 꿇고 있는 듯한 형상의 나무는 자연의 혹독한 시련을 견디고 살아남아서 이 나무로 만든 바이올린은 특히 아름다운 소리를 낸다고 한다. 그러니까 '무릎 꿇은 나무'란 살신성인의 정신으로 예술혼을 발휘하는 예술가의 형상에 대한 하나의 은유적 등가물이라고 할 수 있다. 실제로 시상의 전개 또한 이러한 구도를 따르고 있는데, 시적 화자의 고난과 곤경이 무릎 꿇은 나무가 되어 아름다운 바이올린의 화음을 연주한다.

시적 구도는 "얼레를 풀자 연을 따라 서서히 뒤로 흐르는 시간"이라는 표현에 함축되어 있듯이 과거로 거슬러 올라가는 연어의 회귀와 같은 구도를 지니고 있다. 시적 화자는 연을 날리는 아이를 보면서 그 연줄이 풀리는 것에 따라 자신의 과거로 거슬러 올라간다. 거기에는 "뭉크의 그림 같았던 어린 시절"이 있는데, 그것은 "홀로 흔들리던 빈 그네 같은 날들"이라든가 "땟국 묻은 손", 그리고 "눈 위를 넘보던 늙은 바람이 창틀로 넘어와 그녀의 몸을 물어뜯곤 했다"는 구절들이 암시하듯이 곤경과 악몽의 날들로 점철되어 있다.

그런데 시적 화자가 "명치에 꿈틀거리던 아픔 도려내 체관에 차곡차곡 쌓아 자물쇠를 채운 그녀"라든가 "얼레를 감았다 풀 때마다 수목한계선의 어린 그녀가 다가왔다 멀어진다"라고 고백하는 것에 유의해 보면, 자신을 한 그루의 '무릎 꿇는 나무'와 같은 존재로 탈바꿈했다는 것을 알 수 있다. 그리고 시적 화자가 자신의 상상력을 발휘하여 "기억 속 극지로" 자신을 몰고가 보면 거기에는 "온몸에 옹이 박으며/ 자라는 어린 그녀가/ 무릎 꿇은 채/ 눈보라 속에/ 바이올린을/ 켜고/ 있"는 모습이 오롯이 자리잡고 있다. 그러니까 기억 속의 극지에는 온몸에 상처투성이인 어린 자아가 자연의 혹독한 시련을 견디어 냈기에 아름다운 소리를 낼 수 있다는 바이올린이 되어 아름다운 음악을 연주하고 있는 것이다. 이 아름다운 음악은 기억 속의 극지에 응결되어 있다는 점에서 번데기와 씨앗 속에 담겨 있는 잠재성이라고 할 수 있으며, 그러한 점에서 시간의 파괴성에서 자유로운 영원성과도 통한다고 볼 수 있다. 바이올린을 연주하고 있는 이 어린 소녀는 나비와 씨앗의 상징을 통해서 속악한 세상을 극복하고 유한한 시간성의 한계를 초월하여 영원한 갱신과 거듭남을 시도하는 시적 이미지를 창출한 바로 그 소시인의 자화상이기도 할 것이다.

지금까지 살펴본 김나비 시인의 시적 상상력이 매우 웅숭깊고 그윽하다. 초기의 기억과 환상에 대한 사유에 더욱 나아가 깊고 아득한 상징과 이미지를 구축하고 있다. '나비'와 '씨앗'의 이미지가 이 시집이 얻은 가장 고갱이와 같은 시적 열매일 것이다. 시인에게 열매는 하나의 새로운 생명을 잉태하고 있듯이, 다음 시집에서 이러한 열매들이 새로운 생명으로 거듭나기를 기원해 본다.